韓国語を
韓国語で
理解する

韓韓韓単語

ソク・ジア / チェ・スジン /
ホ・ユンギョン
コリ文語学堂教材開発チーム=編

한국어를 한국어로 이해하는

한한한단어

英英
英単語
SERIES

the japan times出版

はじめに

　韓国語を学習している皆さんは、普段わからない単語に出会ったらどのように意味を調べますか。紙や電子の辞書をはじめ、アプリやその翻訳機能、または単純にネットで検索して調べることも多いでしょう。そのような場合、日本語の訳で判断することがほとんどのため、韓国語の微妙なニュアンスまで理解することは難しいかもしれません。

　韓国語のニュアンスを知るには、韓韓辞典を使ったり、韓国語での説明を読むことが一番ですが、「すべて韓国語のみで書かれたものを読むのは難しい」と感じる方も多いことでしょう。本書は、そんな「もう少し詳しく知りたい」という皆さんの一番の近道になるよう作られました。

　本書では、主にハングル能力検定試験5〜3級の単語を分析し、初中級学習者に必要な語句と意味を取り上げました。そして見出し語の訳語に加え、韓国語によるオリジナルの語義の説明とその訳、定番表現も含むシンプルな例文をつけています。このため、無理なく韓国語を韓国語で学習し、初中級レベルからさらに上を目指すことができるようになっています。

　韓日辞典や従来の単語集を使う場合と異なり、韓国語を韓国語で学習することには、さまざまなメリットがあります。

①単語のイメージがつかめる
　책상という単語を見てみましょう。韓日辞典や従来の単語集で「机」という訳語を見ると、何となく意味がわかった気になります。一方、本書では訳語に加え、공부하거나 일을 할 때 사용하는 테이블. (勉強したり仕事をするときに用いるテーブル。) という韓国語の説明を載せています。韓国人にとって、책상は「勉強したり仕事をするときのもの」なのです。

「机」という日本語訳のみよりも、책상という語のイメージが広がることで
しょう。

②単語の複数の意味のつながりがわかる

　次に부르다という動詞について考えてみましょう。韓日辞典にはたく
さんの意味が載っていますが、その中にある「呼ぶ」と「歌う」には、一見、
関連が感じられません。しかし、本書にはこれらについて큰 소리나
손짓 등으로 다른 사람을 오라고 하다. (大きい声や手振りなどで他の人
を来させる。) と、노래하다. (歌う。) と説明しています。こうして意味に着
目してみると、「声を出すこと」という共通するイメージが見えてきます。
このイメージをつかんでいると、それ以外の使い方を理解する際にも役
立ちます。

③類語との違いに気づける

　흥미 (興味) の説明は、즐겁고 신나는 재미, 또는 특별한 관심. (楽し
くて喜ばしい面白み、または特別な関心。) となっています。この説明から、
흥미と재미が類義語であることがわかると同時に、흥미が「楽しくて喜ば
しい재미 (面白み)」であるという、ニュアンスの違いに気づくこともでき
ます。

④単語の正しい使い方が身につく

　本書では特に、これまで韓国語を教える中で経験した、日本人学習者
たちがよく間違える表現を重点的に取り上げるようにしました。助詞の
使い方 (日本語では「〜に／と会う」ですが、韓国語では「〜を会う」に
なる) をはじめ、一つひとつの語義説明や例文に、そのようなポイントを
意識してまとめています。付属の音声を活用し、自身でも声に出して読
んでみると、より効果的に自然な韓国語の使い方が身につくはずです。

このように本書では、従来の辞書やアプリのみでは得ることのできない、さまざまな力をつけることができます。韓国語の意味を韓国語の説明で理解することで、語彙力だけではなく、作文に役立つ表現力も身につきます。

　本書は、『英語を英語で理解する　英英英単語®』シリーズの姉妹編として、フランス語版に次いで誕生しました。初のアジア言語版としては、学習者に起こりやすい間違いのポイント、また、ことわざや語源に関する情報も盛り込んで、日本語との違いや共通点、そしてその面白さを楽しんでいただけるよう工夫を凝らしています。
　本書が皆さんの韓国語学習の一助となれば、これ以上の喜びはありません。

ソク・ジア／チェ・スジン／ホ・ユンギョン
コリ文語学堂教材開発チーム

目次

企画：ロゴポート
ナレーション：イ・ミンジョン／ユン・チャンビン
録音・編集：ELEC録音スタジオ
音声収録時間：約3時間

カバー・本文デザイン：竹内雄二
イラスト：矢戸優人
DTP組版：創樹

本書の構成

　本書では、初中級レベルの単語800語を、80語ずつ10の스테이지
に分けて掲載しています。

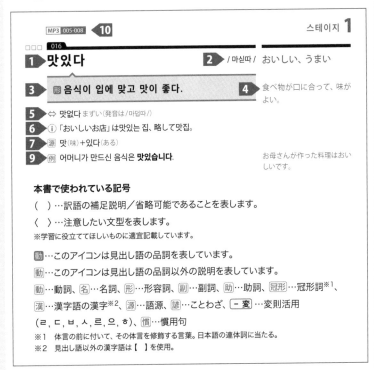

本書で使われている記号

（　）…訳語の補足説明／省略可能であることを表します。

〈　〉…注意したい文型を表します。

※学習に役立ててほしいものに適宜記載しています。

動…このアイコンは見出し語の品詞を表しています。

動…このアイコンは見出し語の品詞以外の説明を表しています。

動…動詞、名…名詞、形…形容詞、副…副詞、助…助詞、冠形…冠形詞※1、
漢…漢字語の漢字※2、源…語源、諺…ことわざ、－変…変則活用
（ㄹ、ㄷ、ㅂ、ㅅ、르、으、ㅎ）、慣…慣用句
※1　体言の前に付いて、その体言を修飾する言葉。日本語の連体詞に当たる。
※2　見出し語以外の漢字語は【　】を使用。

1　見出し語

2　発音
見出し語の発音が連音化、濃音化、有声音化など特別な場合に記載し
ています。

3 品詞と韓国語の語義説明

見出し語の品詞を示し、語義を韓国語で説明しています。特によく使われる語義、学習者が覚えておくと役に立つ語義を選んで掲載しています。

> ※大きく語義の異なるものは一般の辞書では別見出しにすることがありますが、本書では適宜1つの見出しにまとめています。

4 訳語

見出し語の訳語です。赤フィルターで隠すことができます。

5 類義語と反意語

≒の後ろに掲載されているのは見出し語の類義語、⇔の後ろに掲載されているのは見出し語の反意語です。

6 注記

ⓘの後ろには、見出し語の語法、関連語、変則活用や注意事項など、幅広い補足情報を掲載しています。

7 語源と漢字語

源の後ろには語源に関する情報を載せています。注目したい漢字語には漢マークの後ろに漢字を掲載しています。

8 派生語

見出し語と派生関係にある語を掲載しています。

9 例文と訳

見出し語を使った例文とその訳です。文中の見出し語相当語は太字になっています。訳は赤フィルターで隠すことができます。

10 音声のトラック番号

付属音声には各項目の見出し語、韓国語の語義説明、例文（韓国語）が収録されています。音声はアプリまたはPCでダウンロードすることができます。ご利用方法は010ページをご覧ください。

語彙力UP! コラム

各스테이지の終わりに、まとめて確認しておきたい単語のリスト、語法の注意ポイントをまとめたコラムを掲載しています。本文とあわせて確認すれば、語彙がさらに広がります。

本書を使った効果的な学習法

　本書を使った学習法をいくつかご紹介します。これらを参考に、ご自分に合ったオリジナルの学習法もぜひ考えてみてください。

1　訳を見ながら〈見出し語→語義説明→例文〉の順に読み進める

〈見出し語→語義説明→例文〉の順番に読んでいきましょう。音声を聞いて、自分でも発音してみるとより身につきます。この方法で一度本書を読み終えたら、2の学習法でもう1周すると、韓国語を韓国語で理解する力がしっかりとつきます。

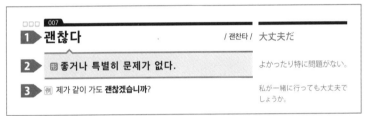

2　赤フィルターを使って韓国語だけで読み進める

最初から赤フィルターで日本語部分を隠して〈見出し語→語義説明→例文〉の順に読み進める方法もあります。訳は確認に使います。やはり音声を聞いて、自分でも発音してみると、より内容が身につきます。

3 テキストを見ずに耳で読む

テキストを見ずに、〈見出し語→語義説明→例文〉が収録された音声を
聞く学習法です。前述の1あるいは2で学習した後に、この方法を試すと、
さらに内容が頭に入り、リスニング力の強化にもつながります。

4 関連語情報をチェックして知識を深める

1〜3まで一通り終えたら、類義語、反意語、派生語や、注記の説明を
細かく読んでいきましょう。語彙力UP!コラムも参考に、学習した内容を
自分のものにしましょう。

音声のご利用案内

本書の音声は、スマートフォン（アプリ）やパソコンを通じてMP3形式でダウンロードし、ご利用いただくことができます。

 スマートフォン

1. ジャパンタイムズ出版の音声アプリ「OTO Navi」をインストール

2. OTO Naviで本書を検索

3. OTO Naviで音声をダウンロードし、再生

3秒早送り・早戻し、繰り返し再生などの便利機能つき。学習にお役立てください。

 パソコン

1. ブラウザからジャパンタイムズ出版のサイト「BOOK CLUB」にアクセス
https://bookclub.japantimes.co.jp/book/b619127.html

2. 「ダウンロード」ボタンをクリック

3. 音声をダウンロードし、iTunesなどに取り込んで再生

※音声はzipファイルを展開（解凍）してご利用ください。

스테이지 1

시작이 반이다.
始まりが半分だ。

□□□ **001**

가게

店

名 **물건을 파는 곳.**

品物を売る所。

≒ 상점 商店　점포 店舗

ⓘ 옷가게 洋服屋　채소가게 八百屋

例 새로 생긴 **가게**는 어디에 있어요?

新しくできた店はどこにありますか。

□□□ **002**

값

/ 갑 / 値、値段

名 **물건을 살 때 지불하는 금액.**

物を買う時支払う金額。

≒ 가격 価格

ⓘ 「半額」는 반값。

例 **값**이 싼 물건에는 이유가 있어요.

値段が安い物には理由があります。

□□□ **003**

가슴

胸

名 **목과 배 사이의 앞 부분.**

首と腹の間の前の部分。

≒ 흉부 胸部　⇔ 등 背中

諺 가슴이 아프다 胸が痛い、心が痛い

例 좋아하는 아이돌을 보고 **가슴**이 두근두근했어요.

好きなアイドルを見て胸がドキドキしました。

□□□ **004**

가족

家族

名 **주로 부모와 자녀로 구성된 집단.**

主に両親と子どもで構成された集団。

자녀 子ども　구성되다 構成される

≒ 식구【食口】

ⓘ 핵가족 核家族　대가족 大家族　부양가족 扶養家族

名 冠形 가족적 家族的

例 설날에는 **가족**이 모두 모입니다.

旧正月（陰暦1月1日）には家族みんなが集まります。

□□□ 005

결혼 / 결혼, 겨론 / 結婚

图 **법적으로 부부가 되는 것.** 法的に夫婦になること。

≒ 혼인 婚姻 ⇔ 이혼 離婚

ⓘ 결혼식 結婚式 결혼반지 結婚指輪 결혼기념일 結婚記念日
「結婚しています」는결혼했어요.

例 **결혼**을 한 지 5년이 됐습니다. 結婚してから5年になりました。

□□□ 006

고맙다 / 고맙따 / ありがたい

形 **남이 자신을 위해 무엇을 해 주어서 기쁘다.** 他人が自分に何かしてくれたことに対してうれしく思う。

≒ 감사하다 感謝する

ⓘ [ㅂ変] 고마운 / 고마워요 / 고마우세요

動 고마워하다 ありがたがる

例 도와주셔서 **고맙습니다**. 助けてくださってありがとうございます。

□□□ 007

괜찮다 / 괜찬타 / 大丈夫だ

形 **좋거나 특별히 문제가 없다.** よかったり特に問題がない。

例 제가 같이 가도 **괜찮겠습니까?** 私が一緒に行っても大丈夫でしょうか。

□□□ 008

끝나다 / 끈나다 / 終わる

動 **마지막까지 일이 다 되다.** 最後まで物事がなされる。

⇔ 시작되다 始まる

ⓘ 「終わらせる」는끝내다.

源 끝(終わり) + 나다(出る)

例 시험은 몇 시에 **끝나요?** 試験は何時に終わりますか。

□□□ 009

기분

気分

名 사람이 느끼는 여러 가지 감정 상태.

人が感じるさまざまな感情の状態。

여러가지 さまざまな

ⓘ 기분파【気分派】気分屋　기분전환 気分転換
기분이 좋다 気分がよい
기분이 나쁘다 気分が悪い（不愉快だ）
※吐きそうな場合は토할 것 같다。

例 선생님께 칭찬을 받아서 **기분**이 좋아요.

先生にほめられて気分がいいです。

□□□ 010

나오다

出る、出てくる

動 안쪽에서 바깥쪽으로 오다.

内側から外側へ来る。

⇔ 들어가다 入っていく

例 음악프로에 좋아하는 가수가 **나오니까** 꼭 볼 거예요.

音楽番組に好きな歌手が出るので必ず見ます。

□□□ 011

꺼내다

出す、取り出す

動 물건을 안에서 밖으로 옮기다.

物を中から外へ移す。

옮기다 移す

≒ 내다 出す　⇔ 넣다 入れる

ⓘ 말을 꺼내다는「話を持ち出す」の意味。

例 필통에서 볼펜을 **꺼냈어요**.

筆箱からボールペンを取り出しました。

□□□ 012

날씨

天気

名 그날의 기온, 비, 구름, 바람 등의 상태.

その日の気温、雨、雲、風などの状態。

상태 状態

ⓘ 일기예보 天気予報　맑음 晴れ　흐림 曇り　비 雨

例 오늘의 **날씨**를 알려 드리겠습니다.

今日の天気をお伝えします。

□□□ **013**

남편

夫

名 부부 중의 남자.

夫婦関係にある男性。

⇔ 아내 妻　부인 婦人

漢 男便

ⓘ 他人の夫を丁寧に言うときは남편분。(×남편님)

例 그 사람이라면 좋은 **남편**이 될 수 있어요.

あの人なら、よい夫になれます。

□□□ **014**

많다

/ 만타 /　多い、たくさんだ

形 양이나 수가 기준보다 크다.

量や数が基準より大きい。

⇔ 적다 少ない

副 많이 たくさん

例 토요일은 유원지에 사람이 **많을** 겁니다.

土曜日は遊園地に人が多いで
しょう。

□□□ **015**

강하다

強い

形 약하지 않고 힘이 있다.

弱くなく、力がある。

≒ 세다　⇔ 약하다 弱い

例 밖에는 **강한** 바람이 불고 있어요.

外は強い風が吹いています。

□□□ **016**

맛있다

/ 마싣따 /　おいしい、うまい

形 음식이 입에 맞고 맛이 좋다.

食べ物が口に合って、味が
よい。

⇔ 맛없다 まずい(発音は/마덥따/)

ⓘ 「おいしいお店」은맛있는 집、略して맛집。

源 맛(味)＋있다(ある)

例 어머니가 만드신 음식은 **맛있습니다**.

お母さんが作った料理はおい
しいです。

□□□ **017**

같다 / 갇따 / 同じだ

形 ① 서로 동일하다.

お互い同一だ。

동일하다 同一だ

⇔ 다르다 違う

例 친구하고 저는 이름이 **같아요**.

友達と私は名前が同じです。

～のようだ、～みたいだ

形 ② 예를 들거나 추측하면 그렇다.

例えたり推測すると、そうである。

예를 들다 例を挙げる　추측하다 推測する

(i) 〈名詞＋같다〉で「(比喩) ～みたいだ」の意味。
例 : 아기가 천사 같아요. (赤ちゃんが天使みたいです。)
〈連体形(은/는/을) 것 같다〉で「(推測) ～のようだ、～そうだ」。
例 : 맛있을 것 같아요. (おいしそうです。)

助 같이 ～のように

例 강아지가 마치 인형 **같아요**.

子犬がまるで人形みたいです。

□□□ **018**

고양이 猫

名 어두운 곳에서도 잘 보고 쥐를 잘 잡는 작은 동물.

暗い所でもよく見えて、ネズミ捕りが上手な小動物。

쥐 ねずみ

(i) 새끼고양이 子猫　길고양이 野良猫　검은 고양이 黒猫

例 요즘에는 **고양이**를 키우는 사람이 많아요.

最近は猫を飼っている人が多いです。

□□□ 019
공부하다

勉強する

動 노력해서 학문이나 기술 등을 배우다.

努力して学問や技術などを学ぶ。

학문 学問

≒ 학습하다 学習する 배우다 学ぶ

漢 工夫-

ⓘ 「勉強になる」는 공부가 되다.

例 시험에 합격하기 위해서 열심히 **공부해야** 합니다.

試験に合格するために一生懸命勉強しなければなりません。

□□□ 020
공항

空港

名 비행기가 이착륙하는 장소.

飛行機が離着陸する場所。

이착륙하다 離着陸する

ⓘ 국내선 国内線 국제선 国際線 국제공항 国際空港 이륙 離陸 착륙 着陸

例 인천국제**공항**에서 국내선으로 갈아타야 합니다.

仁川国際空港で国内線に乗り換えなければなりません。

□□□ 021
교실

教室

名 교사가 학생들을 가르치는 방.

教師が生徒を教える部屋。

≒ 강의실 講義室

ⓘ 교단 教壇 일 학년 이 반【1学年2班】1年2組

例 지금 **교실**에서 수업을 하고 있습니다.

今、教室で授業をしています。

□□□ 022
교과서

教科書

名 학교에서 정규과목의 주교재로 쓰는 책.

学校で正規科目の主教材として使う本。

정규과목 正規科目 주교재 主な教材

ⓘ 참고서 参考書 교재 教材

例 **교과서**는 학교 서점에서 살 수 있습니다.

教科書は学校の書店で買うことができます。

022語

017

□□□ 023

구두

靴

名 가죽 등으로 만든 신발.

革などで作られた履き物。

≒ 신발 履き物

ⓘ 가죽구두 革靴　구두를 신다, 벗다 靴を履く、脱ぐ

例 새 **구두**를 신어서 발이 아파요.

新しい靴を履いて足が痛いです。

□□□ 024

기다리다

待つ

動 사람이나 때가 올 때까지 시간을 보내다.

人や時が来るまで時間を過ごす。

≒ 대기하다 待機する

例 여기서 누구를 **기다리고** 있어요?

ここで誰を待っていますか。

□□□ 025

꽃

/ 꼳 / 花

名 식물의 줄기 끝에 달린 색과 향기가 있는 아름다운 부분.

植物の茎の先に付いている、色と香りがある美しい部分。

식물 植物　줄기 茎　향기 香り

ⓘ 꽃이 피다 花が咲く　꽃이 지다 花が散る　꽃다발 花束
꽃병 花瓶　꽃집 花屋　꽃꽂이 生け花

例 봄이 되면 여러 가지 **꽃**이 핍니다.

春になると、いろいろな花が咲きます。

□□□ 026

밑

/ 믿 / 下

名 어떤 것의 아래가 되는 부분.

ある物の下になる部分。

≒ 아래 下　⇔ 위 上

例 책상 **밑**에 고양이가 있어요.

机の下に猫がいます。

□□□ 027

밖

/박/ 外

名 경계선을 넘은 쪽이나 공간.

境界線を超えた側や空間。

경계 境界　공간 空間

≒ 겉 表、表面　⇔ 안 中　속 內

例 **밖**에서 친구가 기다리고 있어요.

外で友達が待っています。

□□□ 028

배

腹

名 ① 사람이나 동물의 몸 가운데 부분.

人や動物の体の真ん中の部分。

ⓘ 배부르다 満腹だ　배고프다 空腹だ　배가 아프다 お腹が痛い

例 많이 먹어서 너무 배가 **불러요**.

たくさん食べたのでとてもお腹がいっぱいです。

梨

名 ② 즙이 많고 달고, 속이 흰 둥근 모양의
　　　가을 과일.

汁が多くて甘く、中が白い丸い形の秋の果物。

즙 汁　둥글다 丸い

ⓘ 귤 みかん　수박 すいか　참외 チャメ (マクワウリ)　감 柿

例 과일 중에서 **배**를 제일 좋아해요.

果物の中で梨が一番好きです。

船

名 ③ 물 위를 다니는 교통수단.

水の上を行き交う交通手段。

수단 手段

≒ 선박 船舶

ⓘ 한강유람선/한강 크루즈 漢江クルーズ　요트 ヨット
　화물선 貨物船

例 먼 바다에 **배**가 떠 있어요.

遠くの海に船が浮かんでいます。

□□□ **029**

바지
ズボン

名 두 다리를 따로따로 넣어서 입는 옷.
両足を別々に入れて着る服。

따로따로 別々に

(i) 「ズボンをはく」は바지를 입다 (ズボンを着る)。
신발을 신다 靴を履く   양말을 신다 靴下を履く

例 나는 치마보다 **바지**를 입는 것을 좋아해요.
私はスカートよりズボンをはく
のが好きです。

□□□ **030**

배우다
学ぶ、習う

動 새로운 기술, 지식, 교양 등을 얻다.
新しい技術、知識、教養など
を得る。

≒ 공부하다 勉強する   ⇔ 가르치다 教える

例 다음 달부터 한국요리를 **배울** 거예요.
来月から韓国料理を習います。

□□□ **031**

버스
/버스, 뻐스/ バス

名 많은 사람이 탈 수 있는 큰 자동차.
多くの人が乗れる大きい車。

(i) 시내버스 市内バス   관광버스 観光バス   공항버스 空港バス
리무진버스 リムジンバス   버스 정류장 バス停留所
「〜に乗る」は〜을/를 타다。例：자전거를 타다 自転車に乗る
지하철/전철을 타다 地下鉄/電車に乗る

例 매일 학교에 스쿨**버스**를 타고 다녀요.
毎日、学校へスクールバスに乗っ
て通っています。

□□□ **032**

병원
病院

名 의사와 간호사가 아픈 사람을 진찰하고
치료하는 시설.
医者と看護士が病人を診察
して、治療する施設。

진찰하다 診察する   치료하다 治療する

≒ 의원 医院

(i) 종합병원 総合病院   대학병원 大学病院   개인병원 個人病院
한의원 漢方医院

例 **병원**에서 정기 건강검진을 했어요.
病院で定期健康検診を受けま
した。

□□□ **033**

보내다

送る

📖 사람이나 물건, 정보 등을 상대방에게 가게 하다.

人や物、情報などを相手に行くようにする。

상대방 相手

例 여자 친구에게 꽃을 **보냈어요**.

彼女に花を送りました。

□□□ **034**

백화점

/ 배콰점 / 百貨店、デパート

名 한 건물에 여러 종류의 상품을 진열해 놓고 파는 곳.

一つの建物にいろいろな種類の商品を並べて売るところ。

종류 種類　진열하다 陳列する

ⓘ 쇼핑몰 モール　아울렛 アウトレット

例 친구하고 **백화점**에 쇼핑을 하러 가요.

友達と百貨店へショッピングをしに行きます。

□□□ **035**

부엌

/ 부억 / 台所

名 집에서 음식을 만드는 장소.

家で食べ物を作る場所。

≒ 주방 厨房

ⓘ 부엌칼/식칼 包丁　부엌가위 キッチンばさみ

例 오랜만에 언니가 **부엌**에서 요리를 하고 있어요.

久しぶりに姉が台所で料理をしています。

□□□ **036**

반

半、半分

名 둘로 나눈 것 중의 하나.

二つに分けたうちの一つ。

ⓘ 전반, 후반 前半、後半

例 빌린 책을 **반**밖에 못 읽었어요.

借りた本を半分しか読めませんでした。

036語

021

□□□ **037**

밤　　　　　　　　　　　　　　夜

名 하루 중의 어두운 동안.　　　一日の中の暗い間。

⇔ 낮 昼

ⓘ 밤낮 いつも　밤새 夜中　한밤중 真夜中　밤새우다 夜明かしする

例 오늘 **밤**에 뭐해요?　　　　　今日の夜は何しますか。

□□□ **038**

시계　　　　　　　/ 시게, 시게 /　時計

名 시간을 알려 주는 기계.　　　時間を知らせてくれる機械。

ⓘ 손목시계 腕時計　벽시계 掛け時計　자명종 시계 目覚まし時計
시계탑 時計塔

例 **시계**가 고장나서 수리를 했어요.　時計が壊れたので、修理をしました。

□□□ **039**

신문　　　　　　　　　　　　新聞

名 뉴스를 전하는 종이.　　　　ニュースを伝える紙。

전하다 伝える　종이 紙

ⓘ 신문사 新聞社　신문지 新聞紙　신문 기사 新聞記事
신문 기자 新聞記者

例 오늘 **신문**을 아직 안 읽었어요.　今日の新聞をまだ読んでいません。

□□□ **040**

산책　　　　　　　　　　　　散歩

名 건강과 기분 전환을 위해서 천천히 걷는 것.　健康や気分転換のためにゆっくり歩くこと。

漢 散策

動 산책하다 散歩する

例 아침에 강아지와 **산책**을 해요.　朝、犬と散歩をします。

□□□ 041
생선

魚

名 먹기 위해서 잡은 물고기.

食べるために捕った魚。

漢 生鮮

ⓘ 水中を泳ぐ魚は物고기。
생선 가게 魚屋　생선회 刺身

例 이 식당은 **생선**구이가 유명해요.

この食堂は焼き魚が有名です。

□□□ 042
생일

誕生日

名 세상에 태어난 날. 태어난 것을 기념하는 날.

この世に生まれた日。生まれたことを記念する日。

漢 生日

ⓘ 생일 선물 誕生日プレゼント
尊敬語は생신。

例 선배의 **생일** 파티에 초대 받았어요.

先輩の誕生日パーティに招待されました。

□□□ 043
서점

書店

名 책을 모아 놓고 팔거나 사는 가게.

本を集めておいて、売ったり買う店。

≒ 책방 本屋

ⓘ 고서점 古書店　헌책방 古本屋

源 서(書)＋점(店)

例 사고 싶은 책이 있어서 **서점**에 갔어요.

買いたい本があったので書店に行きました。

□□□ 044
선생님

先生

名 학교나 학원 등에서 학생을 가르치는 사람.

学校や塾などで学生を教える人。

학원 塾

≒ 교사 教師　스승 恩師

ⓘ 大学では교수(님)「教授」と呼ぶ。

例 중학교 때 저는 담임 **선생님**을 좋아했어요.

中学時代、私は担任の先生が好きでした。

044語

□□□ **045**

수업

授業

名 학교에서 교사가 학생에게 지식을 가르쳐
주는 것.

学校で教師が学生に知識を
教えること。

ⓘ 「授業をさぼる」は수업을 빼먹다/땡땡이를 치다.

例 그 교수님의 **수업**을 꼭 듣고 싶어요.

その教授の授業を必ず受けた
いです。

□□□ **046**

수영

水泳

名 바다 등에서 물속을 헤엄치는 일.

海など水の中を泳ぐこと。

헤엄치다 泳ぐ

ⓘ 수영장 プール　수영복 水着　수영선수 水泳選手

動 수영하다 水泳する、泳ぐ

例 저는 어릴 때 **수영**을 배운 적이 없어요.

私は幼い時、水泳を習ったこと
がありません。

□□□ **047**

쓰레기통

ごみ箱

名 쓰레기를 모아서 버리기 위해 사용하는 통.

ごみを集めて捨てるために
使用する箱。

≒ 휴지통 くず入れ

ⓘ 쓰레기봉투는 「ごみ袋」のこと。

源 쓰레기(ごみ)+통(箱)

例 쓰레기는 **쓰레기통**에 버리세요.

ごみはごみ箱に捨ててください。

□□□ **048**

쇼핑

ショッピング

名 백화점이나 가게에서 물건을 사는 것.

百貨店やお店で物を買うこ
と。

≒ 장보기

ⓘ 쇼핑을 하다 ショッピングをする　장을 보다 スーパーで買い物を
する　홈쇼핑 テレビショッピング　쇼핑백 紙袋

動 쇼핑하다 ショッピングする

例 저는 보통 세일할 때 **쇼핑**을 하러 가요.

私は普段セールしている時ショッ
ピングしに行きます。

□□□ 049

안경

眼鏡

名 **눈이 나쁜 사람이 눈에 쓰는 물건.**

目が悪い人が目にかけるもの。

ⓘ 돋보기안경 老眼鏡 (돋보기는「虫眼鏡」の意味)
　선글라스 サングラス　안경테 眼鏡フレーム
　「メガネをかける」は안경을 쓰다 (付ける)/끼다 (挟む)と言う。

例 그 **안경**이 아주 잘 어울리네요.

その眼鏡がとてもよく似合いますね。

□□□ 050

앉다

/ 안따 / 座る

動 **의자 등에 엉덩이를 올려 놓다.**

椅子などに腰を下ろす。

엉덩이 尻　올려놓다 のせる

⇔ 서다 立つ

ⓘ 앉아 있다 座っている

例 여기에 **앉아서** 설명을 들으세요.

ここに座って説明を聞いてください。

□□□ 051

약국

/ 약꾹 / 薬局

名 **약사가 약을 지어 주거나 파는 곳.**

薬剤師が薬を調剤してくれたり、売る店。

약을 짓다 薬を作る、調剤する

ⓘ 약사 薬剤師

例 머리가 아파서 **약국**에서 두통약을 샀어요.

頭が痛いので薬局で頭痛薬を買いました。

□□□ 052

어제

昨日

名 **오늘의 전날.**

今日の前の日。

ⓘ 그저께 おととい　오늘 今日　내일 明日　모레 あさって

例 오늘은 **어제**보다 따뜻하네요.

今日は昨日より暖かいですね。

052語

□□□ **053**

역

駅

🈂 **지하철이나 전철을 타거나 내리는 곳.**

地下鉄や電車に乗り降りする所。

ⓘ 서울역 ソウル駅　신촌역 新村駅　강남역 江南駅

例 **역**에서 집까지 얼마나 걸려요?

駅から家までどれぐらいかかりますか。

□□□ **054**

요리사

料理人、シェフ、調理師

🈂 **직업으로 음식을 만드는 일을 하는 사람.**

職業で料理を作る仕事をする人。

≒ 주방장 厨房長　셰프 シェフ

例 그는 한국에서 유명한 **요리사**예요.

彼は韓国で有名な料理人です。

□□□ **055**

우체국

郵便局

🈂 **편지나 소포를 보내거나 배달하는 일을 하는 곳.**

手紙や小包を送ったり配達する仕事をする所。

소포 小包

ⓘ 우체통 郵便ポスト　우표 切手　엽서 はがき

例 회사 근처에 **우체국**이 있어요?

会社の近くに郵便局がありますか。

□□□ **056**

은행

/ 은행, 으냉 /　銀行

🈂 **저금된 돈을 관리하고, 필요한 사람들에게 빌려주는 기관.**

貯金された金を管理して、必要な人に貸す機関。

ⓘ 「銀行でお金を下ろす」는 은행에서 돈을 찾다.
「ATM」는 현금인출기【現金引出機】。

例 나는 매달 삼십만 원씩 **은행**에 저금을 하고 있어요.

私は毎月30万ウォンずつ銀行に貯金しています。

□□□ **057**

일기

日記

🏷 그날그날 있었던 일, 생각한 것, 느낀 것
   등을 쓴 글.

日々の出来事や考え、感想
などを記した文。

ⓘ 일기장 日記帳 (発音は/일기짱/)

例 올해부터는 꼭 **일기**를 쓰려고 해요.

今年からは必ず日記を書くつ
もりです。

□□□ **058**

장갑

手袋

🏷 겨울에 추울 때 손에 끼는 것.

冬の寒い時、手にはめるも
の。

ⓘ 「手袋をする」は장갑을 끼다。

例 크리스마스 때 하얀 **장갑**을 선물 받았어요.

クリスマスに、白い手袋をプレ
ゼントされました。

□□□ **059**

청소기

掃除機

🏷 청소할 때 쓰는 것으로, 먼지나 작은
   쓰레기를 빨아들이는 기계.

掃除の時に使う物で、ほこ
りや小さなごみを吸い込む
機械。

빨아들이다 吸い込む

漢 清掃機

ⓘ 「掃除機をかける」は청소기를 돌리다。

例 시간이 나면 **청소기**를 좀 돌려 주시겠어요?

時間ができたら、掃除機をかけ
ていただけますか。

□□□ **060**

편지

手紙

🏷 용건이나 전하고 싶은 말을 써서 남에게
   보내는 것.

用事や伝えたいことを記し
て、人に送るもの。

ⓘ 이메일 Eメール　손편지 (手書きの) 手紙
   문자 SMS・メッセージ

例 친구한테 **편지**를 받아서 아주 기뻤어요.

友達から手紙をもらって、とて
もうれしかったです。

060語

□□□ **061**
학교 / 학꾜 / 学校

名 목적과 계획을 가지고 교사가 학생을
가르치는 기관.

目的と計画を持って、教師が学生を教える機関。

例 매일 아침 **학교** 갈 때 영어 단어를 외워요.

毎朝学校に行く時、英単語を覚えます。

□□□ **062**
학생 / 학쌩 / 学生

名 (초등학생부터 대학생까지) 학교에
다니면서 공부하는 사람.

（小学生から大学生まで）学校に通いながら勉強する人。

例 최근 한국어를 배우는 **학생**들이 늘었어요.

最近、韓国語を習う学生が増えています。

□□□ **063**
유학 / 留学

名 다른 나라에 얼마 동안 살면서 공부하는 것.

外国にしばらく住みながら、学ぶこと。

動 유학하다 留学する

例 **유학**을 가기 위해서 돈을 모으고 있어요.

留学に行くために、お金を貯めています。

□□□ **064**
이야기하다 / 話す

動 알고 있는 것이나 생각하고 있는 것 등을
상대에게 들려주다.

知っていることや考えていることなどを相手に聞かせる。

ⓘ 縮約形は얘기하다。「おしゃべりをする」は수다를 떨다。

名 이야기 (얘기) 話

例 알아들을 수 있게 천천히 **이야기**해 주시겠어요?

聞き取れるようにゆっくり話していただけますか。

□□□ **065**

키

背

名 **똑바로 섰을 때 발에서 머리끝까지의 길이**

真っすぐ立った時の、足から
頭のてっぺんまでの長さ。

머리끝 頭のてっぺん

≒ 신장 身長

ⓘ 키가 크다/작다 背が高い／低い

例 **키**가 크고 싶어서 우유를 열심히 마셔요.

背が高くなりたくて、牛乳を頑
張って飲んでいます。

□□□ **066**

피

血

名 **몸 안에 흐르는 빨간 액체.**

体内に流れる赤い液体。

액체 液体

≒ 혈액 血液

例 넘어져서 무릎에서 **피**가 났어요.

転んで膝から血が出ました。

□□□ **067**

학원

/ 하권 / 塾、私設の学校

名 **입시준비를 하는 곳을 포함한 모든 사립
교육 기관.**

受験準備をする所を含めた
あらゆる私設の教育機関。

입시 入試、受験 포함하다 含める 사립 私設 기관 機関

漢 学院

ⓘ 受験のための塾以外の私設の学校も指す。
영어학원 英語塾 피아노학원 ピアノ教室

例 밤늦게까지 **학원**에서 공부하는 아이들이 많아요.

夜遅くまで塾で勉強する子ども
たちが多いです。

□□□ **068**

의사

医師、医者

名 **아픈 곳을 진찰하고 치료하는 사람.**

病気（悪いところ）の診察
をして治療する人。

진찰하다 診察する

ⓘ 치과 의사 歯医者　의사 선생님 お医者さん
「看護師」는 간호사。

例 환자들이 갑자기 많아져서 **의사**들이 부족해요.

患者が急に多くなって、医師が
足りないです。

068語

□□□ **069**

장난감 / 장난깜 / おもちゃ

名 아이들이 가지고 노는 물건.

子どもが持って遊ぶもの。

ⓘ 장난하다 遊ぶ　장난치다 ふざける

源 장난(いたずら)＋감(もの)

例 좋아하는 **장난감**을 잃어버렸어요.

好きなおもちゃを無くしてしまいました。

□□□ **070**

책상 / 책쌍 / 机、デスク

名 공부하거나 일을 할 때 사용하는 테이블.

勉強したり仕事をするときに用いるテーブル。

ⓘ 상はテーブル・膳の意味。何を乗せるかで呼び名が変わる。
例：밥상 ごはん・おかず　찻상 お茶・お菓子　술상 お酒

源 책【冊】(本)＋상【床】(机)

例 민주의 **책상**은 항상 깨끗해요.

ミンジュの机はいつもきれいです。

□□□ **071**

집안일 / 지반닐 / 家事

名 집을 치우고, 빨래를 하고, 식사를 준비하고, 아이를 돌보는 일 등.

家を片付けて、洗濯をして、食事の支度をして、子どもの世話をすることなど。

치우다 片付ける　돌보다 世話をする

例 우리 딸은 **집안일**을 잘 도와줘요.

私の娘は家事をよく手伝います。

□□□ **072**

축구 / 축꾸 / サッカー

名 공을 발로 차서 골을 넣는 스포츠.

ボールを足で蹴ってゴールを決めるスポーツ。

골을 넣다 ゴールを決める

韓 蹴球

ⓘ 농구【籠球】バスケットボール　배구【排球】バレーボール

例 우리 아들이 **축구**를 잘해요.

私の息子はサッカーが上手です。

□□□ 073

치약

歯磨き粉

图 이를 닦을 때 칫솔에 묻혀서 쓰는 것.

歯を磨く時、歯ブラシに付けて使うもの。

칫솔 歯ブラシ　묻히다 付ける

漢 歯薬

例 최근에는 호텔에서 **치약**과 칫솔을 주지 않아요.

最近はホテルで歯磨きセット（歯磨き粉と歯ブラシ）をくれません。

□□□ 074

컵라면

/ 컴나면 /　カップラーメン

图 뜨거운 물을 부어서 간편하게 먹을 수 있는 라면.

お湯を注いで簡単に食べられるラーメン。

붓다 注ぐ　간편하다 簡単で便利だ

ⓘ 「水を注ぐ」は물을 붓다。※ [ㅅ変] 붓다-부어요

例 점심에 시간이 없어서 **컵라면**을 먹었어요.

お昼に時間がなくて、カップラーメンを食べました。

□□□ 075

터미널

ターミナル

图 여기저기로 가는 버스 등이 출발하고 도착하는 장소.

いろいろな所に行くバスなどが、出発して到着する場所。

例 고속버스 **터미널**에서 만나서 같이 가기로 했어요.

高速バスのターミナルで会って、一緒に行くことにしました。

□□□ **076**

포장하다

包装する

動 **물건을 종이나 상자 등을 사용해서 싸다.**

品物を紙や箱などを使って包む。

상자 箱

動 포장하다 包装する

名 포장 包装

例 선물할 거니까 예쁘게 **포장해** 주세요.

プレゼントなので、きれいに包装してください。

□□□ **077**

코

鼻

名 **얼굴 가운데에 있고, 숨을 쉬고 냄새를 맡는 기관.**

顔の真ん中にあり、息をして、においを嗅ぐ器官。

숨 息　냄새를 맡다 においを嗅ぐ

ⓘ 코가 높다는 「傲慢だ」の意味（比喩）。

例 그 여배우는 **코**가 매력적이에요.

あの女優は鼻がとても魅力的です。

□□□ **078**

필통

筆箱

名 **연필, 볼펜 등의 문구를 넣는 주머니나 통.**

鉛筆、ボールペンなどの文具を入れる袋や箱。

漢 筆筒

例 그 친구는 언제나 큰 **필통**을 2개나 가지고 다녀요.

彼はいつも大きな筆箱を二つも持ち歩いています。

□□□ **079**

지갑

財布

名 **돈이나 신용카드 등을 넣어 가지고 다니는 물건.**

金銭やクレジットカードなどを入れて持ち歩くもの。

신용카드 クレジットカード

例 지금 **지갑**에 만 원밖에 없네요.

今、財布に1万ウォンしかないですね。

□□□ **080**

가르치다

教える

動 **다른 사람이 이해할 수 있게 지식 등을 알려 주다.**

他人が理解できるように知識などを知らせる。

≒ 교육하다 教育する ⇔ 배우다 習う

ⓘ 강의하다 講義する 지도하다 指導する

名 가르침 教え

例 거기까지 가는 방법을 **가르쳐** 주세요.

そこまでの行き方を教えてください。

080語

● 時

おととい	昨日	今日	明日	あさって
□ 그제 (그저께)	□ 어제 (어저께)	□ 오늘	□ 내일	□ 모레

先々週	先週	今週	来週	再来週
□ 지지난주	□ 지난주	□ 이번 주	□ 다음 주	□ 다다음 주

先々月	先月	今月	来月	再来月
□ 지지난달	□ 지난달	□ 이번 달	□ 다음 달	□ 다다음 달

一昨年	昨年	今年	来年	再来年
□ 재작년	□ 작년	□ 올해	□ 내년	□ 내후년

● 頻度

常に	いつも	度々	時々	たまに	まったく
□ 항상	□ 언제나	□ 종종	□ 때때로	□ 가끔	□ 전혀

● 季節

春	夏	真夏	秋	冬	真冬
□ 봄	□ 여름	□ 한여름	□ 가을	□ 겨울	□ 한겨울

●色

	色	形容詞
黒	□ 까만색, 검은색, 검정	□ 까맣다, 검다
白	□ 하얀색, 흰색, 하양	□ 하얗다, 희다
赤	□ 빨간색, 빨강	□ 빨갛다
青	□ 파란색, 파랑	□ 파랗다
黄	□ 노란색, 노랑	□ 노랗다

＊까만색のように「색」が付くと、よりはっきりした鮮明な色を指す。까만색は「真っ黒（濃い黒）」、
　하얀색は「明るく鮮明な白」。

□ 감색【紺色】

□ 주황색【朱黄色】(だいだい、オレンジ)

□ 초록색【草緑色】

□ 녹색【緑色】

□ 연두색【軟豆色】(黄緑)

□ 남색【藍色】

□ 보라색 (紫色)

□ 금색【金色】

□ 은색【銀色】

□ 하늘색 (空色、水色)

□ 갈색【褐色】(茶色)

스테이지 2

첫 술에 배부르랴.
最初の一さじで満腹になるだろうか。

□□□ **081**
가리키다
指す、示す

🔘 **손가락 등을 어떤 방향으로 향하다.**
指などをある方向に向ける。

손가락 指　향하다 向ける

例 아저씨가 **가리키는** 방향을 보니까 출구가 보였어요.
おじさんが指さす方向を見たら出口が見えました。

□□□ **082**
가지다
持つ

🔘 **손에 들고 있거나 소유하고 있다.**
手に持っていたり所有している。

소유하다 所有する

≒ 갖다 持つ

ⓘ「～が欲しい」は～을/를 가지고(갖고) 싶다と言う。

例 저도 똑같은 것을 **가지고** 있어요.
私も同じ物を持っています。

□□□ **083**
계시다
/ 계시다, 게시다 / いらっしゃる

🔘 **높은 분이나 어른이 있다.**
地位の高い人や目上の人がいる。

⇔ 안 계시다 いらっしゃらない

ⓘ「いる (있다)」の尊敬語は계시다だが、「ある (있다)」の尊敬語は있으시다なので注意。

例 선생님은 지금 교실에 안 **계시는데요**.
先生は今、教室にいらっしゃいませんが。

□□□ **084**
갑자기
/ 갑짜기 / 急に

🔘 **생각할 시간도 없이 느닷없이.**
考える時間もなくいきなり。

느닷없이 いきなり

例 어! **갑자기** 나타나서 놀랐잖아요.
うわ！ 急に出てきたからびっくりしたじゃないですか。

□□□ 085

개

個

名 ① 물건을 세는 단위.

物を数える単位。

ⓘ 個数を数える場合は한 개, 두 개, 세 개, 네 개, 다섯 개…と
固有数詞に助数詞の개を付ける。

例 고객님, 전부 몇 **개** 필요하세요?

お顧客さま、全部で何個必要ですか。

犬

名 ② 후각과 청각이 좋고 영리하고 사람을 잘 따르는 귀여운 동물.

嗅覚や聴覚がよく、利口で人によくなつく可愛い動物。

후각 嗅覚　청각 聴覚　영리하다 利口だ　따르다 なつく

ⓘ 강아지 子犬　애완견 愛玩犬
「愛犬」は애견、または반려견【伴侶犬】とも言う。

例 우리 **개**가 아파 보여서 동물병원에 데리고 갔어요.

うちの犬の具合が悪そうで動物病院に連れて行きました。

□□□ 086

겨울

冬

名 가을과 봄 사이의 추운 계절.

秋と春の間の寒い季節。

≒ 동계 冬季

ⓘ 봄 春　여름 夏　가을 秋　한겨울 真冬　춘하추동 春夏秋冬

例 여름은 너무 덥고, **겨울**은 너무 춥습니다.

夏はとても暑く、冬はとても寒いです。

□□□ 087

길다

長い

形 끝에서 끝까지의 거리가 멀다.

端から端までの距離が遠い。

⇔ 짧다 短い

ⓘ [ㄹ変] 긴/길어요/기세요

名 길이 長さ

例 둘 중에 어느 쪽이 더 **길까요**?

二つのうち、どちらの方がもっと長いでしょうか？

087語

□□□ **088**

나쁘다

悪い

形 좋지 않다.

よくない。

⇔ 좋다 よい

ⓘ (으変) 나쁜/나빠요/나쁘세요

例 날씨가 **나빠도** 꼭 가야 해요.

天気が悪くても必ず行かなければなりません。

□□□ **089**

높다

/ 놉따 / 高い

形 기준이 되는 곳에서 상당히 위에 있다.

基準になるところからかなり上にある。

⇔ 낮다 低い

名 높이 高さ

動 높이다 高める

例 대도시에는 **높은** 빌딩이 많습니다.

大都市には高いビルが多いです。

□□□ **090**

나이

年、歳

名 태어나서 살아온 햇수.

生まれてから生きてきた年数。

햇수 年数

≒ 연령 年齢

ⓘ 尊敬語は연세【年歳】。
「年を取っている」は나이가 많다、「年を取る」は나이를 먹다/나이가 들다。

例 **나이**가 어떻게 되세요?

お年はおいくつですか?

□□□ **091**

넣다

/ 너타 / 入れる

動 밖에 있는 것을 안쪽으로 옮기다.

外にある物を内側に移す。

옮기다 移す

⇔ 꺼내다 出す、取り出す

例 물건을 봉투에 **넣어** 주세요.

品物を袋に入れてください。

□□□ 092

놀다

遊ぶ

動 좋아하는 것을 하면서 즐겁게 시간을 보내다

好きなことをしながら楽しく時間を過ごす。

ⓘ ㄹ変 노는/놀아요/노세요

名 놀이 遊び

例 주말에는 친구와 **놀기로** 했습니다.

週末は友達と遊ぶことにしました。

□□□ 093

누나

(男性から見て)姉

名 남자가 자기보다 나이가 많은 여자 형제를 부르는 말.

男性が自分より年上の女のきょうだいを呼ぶ言葉。

ⓘ 尊敬語는누님 (姉上)。
男性が、年上の女性を親しみを込めて呼ぶ場合も누나と言う。
男性から：兄 형　姉 누나
女性から：兄 오빠　姉 언니

例 우리 가족은 엄마, 아빠, **누나** 그리고 나, 모두 네 명입니다.

うちの家族は、母、父、姉、そして僕の全部で4名です。

□□□ 094

다시

また、再び

副 전에 한 말이나 행동을 또 반복해서.

前に言った言葉や行動をまた繰り返して。

반복하다 繰り返す

≒ 또다시 再び

ⓘ 두 번 다시+否定で、「二度と～ない」の意味。
例：두 번 다시 없는 찬스 (二度とないチャンス)

例 **다시** 한번 말씀해 주시겠습니까?

もう一度おっしゃっていただけますか。

094語

□□□ **095**

다음

次

🔳 뒤에 계속해서. 바로 뒤.

後ろに続いて。すぐ後ろ。

차례 順序

≒ 후 後　뒤 後ろ

ⓘ 「〜した後」は〜은/ㄴ 다음と過去連体形に다음が付く。
　　例：먹은 다음 (食べた後)

例 고등학교를 졸업한 **다음**에 입대하려고 해요.

高校を卒業した後に入隊しよ
うと思います。

□□□ **096**

대학교

/ 대학꾜 / 大学、大学校

🔳 고등학교를 마치고 전문분야를 공부하기
　위해 진학하는 학교.

高校を終えて専門分野を勉
強するために進学する学校。

마치다 終える　진학하다 進学する

ⓘ 초등학교 小学校　중학교 中学校　고등학교 高等学校
　　대학원 大学院　전공과목 専攻科目

例 내일은 친구가 다니는 **대학교**에 놀러 가기로 했어요.

明日は友だちが通っている大学
に遊びに行くことにしました。

□□□ **097**

도서관

図書館

🔳 책과 자료 등을 빌려 읽거나 공부를 할 수
　있는 곳.

本や資料などを借りて読ん
だり、勉強できる場所。

ⓘ 시립도서관 市立図書館　책을 대출하다 本を貸し出しする
　　책을 반납하다 本を返却する

例 **도서관**에 책을 반납하러 갑니다.

図書館に本を返却しに行きます。

□□□ **098**

동생

年下のきょうだい

名 형제 중에서 나이가 적은 사람.

きょうだいの中で年下の人。

漢 同生

ⓘ 남매 男と女のきょうだい

名 여동생, 남동생 妹、弟

例 저한테는 여**동생**은 없고 남**동생**밖에 없어요.

私には妹はいなくて、弟しかいません。

□□□ **099**

놓다

/ 노타 / 放す

動 ① 잡는 것을 그만두다.

握るのをやめる。

⇔ 집다 つまむ 잡다 つかむ、握る

例 내 손을 절대로 **놓지** 마세요.

私の手を絶対に放さないでください。

置く

動 ② 들고 있던 물건을 어떤 장소에 두다.

持っていた物をある場所へ置く。

≒ 두다 置く

ⓘ 〈動詞+아/어 놓다〉で「～しておく」の意味。
例：넣어 놓다（入れておく）　내려 놓다（下ろしておく）

놓이다 置かれる

例 열쇠를 어디에 **놓았는지** 기억이 안 나요.

鍵をどこに置いたか思い出せません。

□□□ **100**

두다

置く

動 물건 등을 어떤 장소에 놓다.

物などをある位置にとどめる。

≒ 놓다 置く

ⓘ 〈動詞+아/어 두다〉で「～しておく」の意味。
例：올려 두다（のせておく）　넣어 두다（入れておく）
말해 두다（言っておく）

例 이건 어디에 **둘까요**?

これはどこに置きましょうか。

100語

□□□ **101**

경기장

競技場

名 스포츠 등의 시합을 하고 관전을 할 수 있는 시설.

スポーツなどの試合をして、観戦できる施設。

관전 観戦　시설 施設

≒ 스타디움 スタジアム

ⓘ 올림픽 경기장 オリンピック競技場　국립 경기장 国立競技場

源 경기(競技)+장(場)

例 **경기장**에서 인기 가수의 단독 콘서트가 열릴 예정이에요.

競技場で人気歌手の単独コンサートが開かれる予定です。

□□□ **102**

닭

/ 닥 / 鶏

名 알을 잘 낳는, 날지 못하는 새.

卵をよく産む、飛べない鳥。

알을 낳다 卵を産む

ⓘ 닭고기 鶏肉　닭꼬치 焼き鳥　닭살 鳥肌　병아리 ひよこ
달걀/계란 鶏卵

例 이따가 **닭**한마리 먹으러 안 갈래요?

後でタッカンマリを食べに行きませんか。

□□□ **103**

멀다

遠い

形 두 장소의 거리가 많이 떨어져 있다.

二つの場所の距離がたくさん離れている。

⇔ 가깝다 近い

ⓘ [ㄹ 変] 먼/멀어요/머세요
「まだまだです」は아직 멀었어요.

例 회사가 **멀어서** 이사할 거예요.

会社が遠いので引っ越すつもりです。

□□□ 104

모르다

知らない

動 어떤 것에 대해 알지 못하다.

あることについて分からない。

⇔ 알다 知る

ⓘ [르変] 모르는 / 몰라요 / 모르세요
「~が分からない」は ~을 / 를 모르다 (助詞が을 / 를になるので注意)。

例 아직 **모르는** 것이 많으니까 가르쳐 주세요.

まだ知らないことが多いので教えてください。

□□□ 105

금연

/ 그면 / 禁煙

名 담배를 피우지 않는 것.

たばこを吸わないこと。

⇔ 흡연【吸煙】喫煙

ⓘ 금연석 禁煙席　흡연석 喫煙席　전자담배 電子たばこ

例 아버지는 **금연** 후 아주 건강해지셨어요.

お父さんは禁煙後、とても健康になりました。

□□□ 106

근처

近所、近く

名 어떤 장소에서 가까운 곳.

ある場所から近いところ。

≒ 주변 周辺　가까이 近く

漢 近処

例 이 **근처**에 편의점이 있습니까?

この近くにコンビニはありますか。

□□□ 107

간단하다

/ 간단하다, 간따나다 / 簡単だ

形 단순하고 복잡하지 않다.

単純で複雑ではない。

⇔ 복잡하다 複雑だ

副 간단히 簡単に

例 문제는 그렇게 **간단하지** 않습니다.

問題はそんなに簡単ではありません。

107語

□□□ **108**

물어보다 / 무러보다 / 尋ねてみる

> 動 모르는 것을 묻다.
>
> 分からないことを聞く。

묻다 聞く、問う

≒ 질문하다 質問する

ⓘ 「やってみる」は해보다、「探してみる」は찾아보다。

例 모르는 것이 있으면 친구한테 **물어보세요**.
분からないことがあるなら、友達に聞いてみてください。

□□□ **109**

바쁘다 忙しい

> 形 일이 많거나 급한 일 때문에 여유가 없다.
>
> 仕事が多いか急な用事のせいで余裕がない。

≒ 정신없다 とても忙しい ⇔ 한가하다 暇だ

ⓘ 〔으変〕 바쁜 / 바빠요 / 바쁘세요

例 요즘 일이 많아서 너무 **바빠요**.
最近仕事が多くてとても忙しいです。

□□□ **110**

받다 / 받따 / 受ける、受け取る

> 動 다른 사람이 준 것을 가지다.
>
> 他の人がくれた物をもらう。

⇔ 주다 あげる 보내다 送る

ⓘ 주고받다 取り交わす

例 친구한테서 생일 선물을 **받았어요**.
友達から誕生日プレゼントをもらいました。

□□□ **111**

벗다 / 벋따 / 脱ぐ

> 動 옷이나 신발을 몸에서 떼어내다.
>
> 服や靴を体から取り去る。

떼어내다 取り去る、取り外す

⇔ 입다 着る 신다 履く

例 실내에서는 신발을 **벗으세요**.
室内では靴を脱いでください。

□□□ 112
복잡하다
/ 복짜파다 / 混雑している

> 形 너무 많아서 혼잡스럽다.

多過ぎてごった返す。

혼잡스럽다 混雑している

例 콘서트장에 사람이 많아서 너무 **복잡했어요**.

コンサート会場に人が多くて、とても混雑していました。

□□□ 113
빌리다
借りる

> 動 나중에 돌려주기로 하고 물건이나 돈을 얼마 동안 쓰다.

後で返すことにして物やお金を一定の期間使う。

⇔ 돌려주다 返す　반납하다 返納する
　빌려주다 貸してあげる、貸してくれる

例 도서관에서 **빌린** 책을 오늘 반납해야 해요.

図書館で借りた本を今日返却しなければなりません。

□□□ 114
빠르다
速い

> 形 움직이는 데 걸리는 시간이 매우 짧다.

動くのにかかる時間が非常に短い。

⇔ 느리다 遅い
ⓘ [르変] 빠른 / 빨라요 / 빠르세요
副 빨리 速く

例 버스보다 지하철이 **빨라요**.

バスより地下鉄が速いです。

□□□ 115
비싸다
高い

> 形 물건값이 보통보다 높다.

商品の値段が普通より高い。

⇔ 싸다 安い

115語

例 이 가방이 더 **비싼** 것 같아요.

このかばんがもっと高いみたいです。

□□□ **116**

사다

買う

勔 **필요한 물건 등을 돈을 주고 내 것으로 만들다.**

必要な物などをお金を払って自分の物にする。

≒ 구입하다 購入する ⇔ 팔다 売る

ⓘ「売買する」は사고팔다。

例 저는 보통 인터넷 쇼핑몰에서 옷을 **사요**.

私はたいていインターネットショッピングモールで服を買います。

□□□ **117**

사무실

オフィス、事務室

名 **직장에서 일을 하는 방.**

職場で仕事をする部屋。

≒ 오피스 オフィス

例 오전에는 **사무실**에서 일을 해요.

午前中はオフィスで仕事をします。

□□□ **118**

손님

お客さん

名 **집이나 가게 등에 찾아오는 사람.**

家や店などに訪ねて来る人。

≒ 고객(님) お客様

ⓘ「常連客」は단골손님。

例 집들이를 하려고 **손님**을 초대했어요.

引越し祝いパーティーをしようと客を招待しました。

□□□ **119**

쉬다

休む

勔 **피곤한 몸을 편하게 하다.**

疲れた体を楽にする。

例 **쉬는** 날에 같이 영화 보러 안 갈래요?

休みの日、一緒に映画見に行きませんか。

□□□ 120

시험

試験

名 지식, 재능, 실력 등의 수준을 알아보고 평가하는 일.

知識、才能、実力などの水準を調べて評価すること。

재능 才能　실력 実力　수준 水準、レベル　평가하다 評価する
ⓘ 시험을 보다/치다 試験を受ける　시험지 試験問題紙

例 운전면허**시험** 잘 봤어요?

運転免許試験、ちゃんとできましたか。

□□□ 121

식사

/ 식싸 / 食事

名 아침, 점심, 저녁밥처럼 습관적으로 음식을 먹는 일.

朝、昼、夜ご飯のように習慣的に食べ物を食べること。

ⓘ 식사를 하다 食事をする
「ご飯を食べる」は밥을 먹다。

動 식사하다 食事する

例 오늘 저녁에 같이 **식사**를 할까요?

今日の夜一緒に食事をしましょうか。

□□□ 122

시장

市場

名 사람들이 모여서 여러 가지 물건을 사고파는 곳.

人々が集まっていろいろな物を売買する所。

ⓘ 재래시장【在来市場】伝統市場　남대문 시장【南大門市場】南大門市場
장을 보다 (市場を見る) は「食料や日用品などを買う」の意味。
쇼핑을 하다は「デパートなどで服などを買う」場合に使う。
전통시장 (伝統市場) とも言う。

例 집에 손님이 오시기 때문에 **시장**에서 장을 봤어요.

家にお客さんが来るので市場で買い物をしました。

122語

□□□ **123**

식당 / 식땅 / 食堂

名 **음식을 만들어 손님에게 식사를 파는 가게.**

食べ物を作ってお客さんに食事を売る店。

≒ 음식점 飲食店　레스토랑 レストラン

ⓘ 구내식당 構内食堂 (会社、病院、駅などにある食堂)
　뷔페식당 バイキング　식당가 食堂街

例 학생 **식당**에는 항상 손님이 많은 것 같아요.

学生食堂にはいつもお客さんが多いみたいです。

□□□ **124**

예쁘다

きれいだ

形 **생긴 모양이 아름다워서 보기에 좋다.**

見た目が美しくて、見栄えがよい。

≒ 귀엽다 可愛い　곱다 きれいだ　아름답다 美しい

ⓘ (으変) 예쁜/예뻐요/예쁘세요

例 나한테 어울리는 **예쁜** 블라우스를 사고 싶어요.

自分に似合うきれいなブラウスを買いたいです。

□□□ **125**

아침

朝

名 **① 해가 떠서 하루가 시작될 때쯤의 시간.**

日が昇って1日が始まる頃の時間。

⇔ 저녁 夕方

ⓘ 아침 朝　점심 昼　저녁 夕方　밤 夜
　새벽 夜の12時以降から夜明けまで

例 **아침**에는 항상 커피를 마셔요.

朝にはいつもコーヒーを飲みます。

② 아침에 먹는 밥.

ⓘ 아침식사 朝食

例 꼭, 아침은 먹고 출근합니다.

必ず、朝ご飯は食べて出勤します。

□□□ 126

아프다

痛い、具合が悪い

形 몸이나 마음이 다치거나 병이 나서 편하지 않다.

身体や心が傷ついたり病気になって楽でない (つらい)。

다치다 けがする

≒ 괴롭다 辛い

ⓘ [으変] 아픈/아파요/아프세요
「心が痛む」: 마음이 아프다
「頭が痛い (頭痛)」: 머리가 아프다 (통증)
「薬を飲む」: 약을 먹다 (薬を食べる)

例 머리가 **아파서** 두통약을 먹었어요.

頭が痛くて頭痛薬を飲みました。

□□□ 127

어렵다

/ 어렵따 / 難しい

形 무엇인가 하는 것이 힘들다.

何かをすることが大変だ。

⇔ 쉽다 簡単だ

ⓘ [ㅂ変] 어려운/어려워요/어려우세요

例 이번 한국어능력시험 문제가 너무 **어려웠어요**.

今回韓国語能力試験の問題がとても難しかったです。

□□□ 128

약속

/ 약쏙 / 約束

名 상대방과 앞으로의 일을 미리 정하고 지키기로 함.

相手とこれからの事をあらかじめ決めて、守るようにしておくこと。

動 약속하다 約束する   약속되다 約束される

例 내일 여자친구하고 **약속**이 있어요.

明日彼女と約束があります。

128語

□□□ **129**

어른

大人

名 **몸과 마음이 충분히 다 자란 사람.**

身体と心が十分に成長した人。

≒ 성인 成人　대인 大人　⇔ 아이/어린이 子ども

形 어른스럽다 大人らしい

形 어른답다 大人っぽい

例 우리 조카가 어느새(사이에) **어른**이 되었어요.

うちの姪〔甥〕がいつの間にか大人になりました。

□□□ **130**

여행

旅行

名 **집을 떠나서 다른 곳을 구경 다니는 일.**

家を離れ、他の所を見て回ること。

ⓘ 배낭여행 バックパック旅行

動 여행하다 旅行する

例 작년 휴가 때 친구랑 **여행**을 갔다 왔어요.

去年、休暇の時友達と旅行に行ってきました。

□□□ **131**

아들

息子

名 **엄마가 낳은 남자 아이.**

母が産んだ男の子ども。

⇔ 딸 娘

ⓘ 큰아들/장남 長男　차남 次男

例 언니는 **아들**이 두 명 있어요.

姉は息子が二人います。

□□□ **132**

오전

午前

名 **아침부터 낮 12시까지의 시간.**

朝から昼の12時までの時間。

⇔ 오후 午後

例 보통 **오전**에 운동을 하러 가요.

普通午前に運動をしに行きます。

□□□ 133

올해

/ 올해, 오래 / 今年

名 지금 현재의 해.

今現在の年。

≒ 금년 今年

ⓘ 작년 昨年　내년 来年

例 **올해**는 꼭 한국에 유학을 가고 싶어요

今年は必ず韓国へ留学しに行きたいです。

□□□ 134

우리나라

私たち

名 한국 사람이 상대방에게 한국을 말할 때 쓰는 말.

韓国人が相手に韓国を言う時使う言葉。

例 요즘은 **우리나라** 연예인들이 해외에서도 인기가 많아요.

最近はわが国の芸能人が海外でも人気が多いです。

□□□ 135

전국

全国

名 한 나라의 모든 지역.

一つの国の全地域。

ⓘ 「～ (場所名詞) 中」は、韓国語では~중ではないので注意。
　　例 : 전 세계 世界中　전 일본 日本中　전교 学校中

例 이번 대회에 **전국**에서 많은 젊은이들이 참가했습니다.

今回の大会に全国からたくさんの若者が参加しました。

□□□ 136

허리띠

帯、ベルト

名 바지나 치마 등을 입을 때 허리에 하는 액세서리.

ズボンやスカートをはく時、腰に巻くアクセサリー。

≒ 벨트 ベルト

源 허리(腰)+띠(細長いリボンのようなもの、バンド)

例 바지가 커서 **허리띠**를 해야겠어요.

ズボンが大きいので、ベルトをしないといけませんね。

136語

□□□ **137**

운동화

運動靴、スニーカー

名 운동할 때 신는 것으로, 뛰거나 달리기 편한 신발.

運動する時に履くもので、跳んだり走ったりしやすい靴。

≒ 스니커즈 スニーカー

源 운동(運動)＋화(靴)

例 달리기를 하는데 **운동화**가 벗겨졌어요.

かけっこをしていて、運動靴が脱げました。

□□□ **138**

이사

引っ越し

名 생활하던 집을 떠나 다른 집으로 사는 곳을 옮기는 것.

生活していた家を離れ、他の家に住む所を移ること。

ⓘ 이삿짐 引っ越し荷物

動 이사하다 引っ越す

例 지금보다 좀 더 넓은 집으로 **이사**하고 싶어요

今より少し広い家に引っ越したいです。

□□□ **139**

일식

/ 일씩 / 和食、日本食

名 생선 초밥이나 우동 등의 일본 음식.

握りずしや、うどんなどの日本料理。

ⓘ 일식집 和食屋

例 생선 초밥은 많은 사람들이 좋아하는 **일식** 중 하나이다.

握りずしは多くの人々が好きな日本食の一つである。

□□□ **140**

자식

子息、子ども

名 아들과 딸.

息子や娘。

ⓘ 딸자식 娘　아들자식 息子　친자식 実の子

例 부모가 **자식**을 걱정하는 것은 당연해요.

親が子どものことを心配するのは当然です。

□□□ 141

젓가락

/ 젇까락 / 箸

名 밥을 먹을 때 숟가락과 함께 쓰는, 한 쌍의 가늘고 긴 도구.

食事の時にスプーンと一緒に使う、2本の細長い道具。

한 쌍 一対　가늘다 細い

ⓘ 숟가락과 젓가락의 세트는 수저라고 한다.

例 우리 아이는 아직도 **젓가락**을 잘 못 써요.

うちの子はまだ箸をうまく使えません。

□□□ 142

집들이

/ 집뜨리 / 引っ越し祝いのパーティー

名 이사 후에 친구나 친척들을 불러서 하는 식사 모임.

引っ越しの後、友達や親戚を招いてする食事会。

例 **집들이** 선물로 휴지나 세제가 일반적이에요.

引っ越し祝いのプレゼントにちり紙や洗剤が一般的です。

□□□ 143

향기

香り

名 꽃이나 과일 등에서 나는 좋은 냄새.

花や果物などからするいい匂い。

ⓘ 향기가 나다 香り、匂いがする
「匂いがする」は냄새가 나다。香水は「香水」。

形 향기롭다 かぐわしい

例 **향기**가 안 나는 꽃도 있다고 해요.

香りがしない花もあるそうです。

□□□ 144

화장품

化粧品

名 예뻐지려고 얼굴에 바르는 것.

きれいになるため、顔に塗るもの。

源 화장(化粧)＋품(品)

例 요즘은 될 수 있으면 친환경 **화장품**을 사려고 해요.

最近はできる限り、環境に優しい化粧品を買おうとしています。

144語

□□□ **145**

휴지
ちり紙、ティッシュ

图 버리는 종이, 또는 코를 풀거나 더러운 것을 닦는 데 쓰는 얇은 종이.

捨てる紙、または鼻をかんだり汚れを落とすのに使う薄い紙。

漢 休紙

ⓘ 화장지【化粧紙】トイレットペーパー　티슈 ティッシュ

例 코피가 나서 **휴지**로 코를 막았다.

鼻血が出てティッシュを鼻に詰めた。

□□□ **146**

이모
叔母・伯母

图 어머니의 언니나 여동생.

母親の姉妹。

ⓘ 自分の母の女友達や行きつけの店のおばさんにも使える。
이모의 夫は이모부 (叔父・伯父)。

例 나는 막내 **이모**하고 사이가 좋아요.

私は一番下の叔母と仲がよいです。

□□□ **147**

고모
叔母・伯母

图 아버지의 누나나 여동생.

父親の姉妹。

ⓘ 고모の夫は고모부 (叔父・伯父)。

例 고모하고 **고모부**는 항상 다정해 보여서 부러워요.

叔母と叔父はいつも仲がよさそうで、うらやましいです。

□□□ **148**

토끼
うさぎ

图 귀가 길고 깡충깡충 뛰어다니는 동물.

耳が長くてぴょんぴょん跳ね回る動物。

깡충깡충 ぴょんぴょん　뛰어다니다 跳ね回る

例 옛날 사람들은 달에 **토끼**가 살고 있다고 믿었어요.

昔の人々は月にうさぎが住んでいると信じていました。

□□□ 149

편의점

/ 펴니점 / コンビニ

图 **24시간 문을 열고 간단한 생활용품 등을 파는 가게.**

24時間営業する、簡単な生活用品などを扱う小売店。

漢 便宜店

例 **편의점**에 들러서 도시락을 샀어요.

コンビニに寄って、お弁当を買いました。

□□□ 150

자판기

自販機

图 **돈을 넣고 물건을 고르면 그 물건이 자동으로 나오는 기계.**

金を入れて品物を選ぶと、その品物が自動的に出てくる機械。

ⓘ 자동판매기【自動販売機】の略。

例 요즘은 **자판기**에서 뭐든지 파는군요.

最近は自販機で何でも売っていますね。

□□□ 151

잔돈

小銭

图 **단위가 작은 돈. 보통 백 원짜리 동전, 천 원짜리 지폐를 의미한다.**

小さい単位の金。普通百ウォンの硬貨、千ウォン紙幣を意味する。

단위 単位 동전【銅銭】硬貨、コイン 지폐 紙幣

ⓘ 잔은 잘다「とても小さい」の意味。
例：잔 글씨 小さい文字 잔 생선 小さい魚

例 전자화폐를 쓰면서 **잔돈**을 잘 안 쓰게 됐어요.

電子マネーを使って、あまり小銭を使わなくなりました。

□□□ 152

주차장

駐車場

图 **차를 세워 둘 수 있는 장소.**

車を止めておける場所。

例 그 가게는 **주차장**이 넓고 주차비도 싸니까 자주 가요.

その店は駐車場が広くて駐車料金も安いからよく行きます。

152語

□□□ **153**

찌개

チゲ

📛 **고기나 두부, 채소 등을 넣고 간을 맞추어 약간 짜게 끓인 국물 요리.**

채소 野菜 간을 맞추다 味付けをする 끓이다 煮る

例 제가 제일 잘하는 요리는 김치**찌개**예요.

肉や豆腐、野菜などを入れ、味付けをして煮立てた、やや塩辛い鍋料理。

私の得意料理はキムチチゲです。

□□□ **154**

원숭이

猿

📛 **꼬리가 길고 나무에 잘 올라가며 사람과 닮은 동물.**

諺 원숭이도 나무에서 떨어진다. 猿も木から落ちる。

例 제가 가장 좋아하는 동물은 **원숭이**예요.

しっぽが長くて、木に上手に登る、人に似ている動物。

私が最も好きな動物は猿です。

□□□ **155**

유럽

ヨーロッパ

📛 **프랑스, 독일, 이탈리아 등의 나라가 위치하고 있는 지역.**

ⓘ 유럽에 (ヨーロッパで) は/유러베/、유럽여행 (ヨーロッパ旅行) は/유럼녀앵/となる発音変化に注意。

例 이번 여름방학에는 **유럽**으로 배낭여행을 가려고 해요.

フランス、ドイツ、イタリアなどの国が位置している地域。

今度の夏休みはヨーロッパにバックパック旅行に行こうと思っています。

□□□ **156**

유리

ガラス

📛 **창문이나 거울에 사용되는 투명하고 깨지기 쉬운 물질.**

漢 琉璃

ⓘ 유리창 ガラス窓 유리컵 ガラスのコップ

例 바닥에 **유리** 조각이 있으니까 조심하세요.

窓や鏡などに用いられる、透明で割れやすい物質。

床にガラスの破片（かけら）があるから気をつけてください。

□□□ 157

유치원

幼稚園

图 초등학교 입학 전의 어린이들이 모여 놀면서 배우는 시설.

小学校に入学する前の幼児が集まり、遊んで学ぶ施設。

ⓘ 어린이집 保育園　놀이방 託児所　보육원 孤児院

例 **유치원**에서 한글을 배우고 나서 혼자 그림책을 읽어요.

幼稚園でハングルを習ってから、一人で絵本を読みます。

□□□ 158

음료수

/ 음뇨수 / 飲み物、飲料

图 마시는 물 또는 맛을 더한 마실 것.

飲み水、または味を付けた飲み物。

더하다 足す、加える

ⓘ 음료수는 主に「ソフトドリンク」のこと、「ミネラルウォーター」は생수【生水】。

例 냉장고에 좋아하는 **음료수**가 많이 들어 있어요.

冷蔵庫に好きな飲み物がたくさん入っています。

□□□ 159

중국집

/ 중국찝 / 中華料理店

图 짜장면, 짬뽕, 탕수육 등 중화 요리를 제공하는 식당.

ジャージャー麺、ちゃんぽん、酢豚などの中華料理を提供する食堂。

짬뽕 ちゃんぽん　탕수육 酢豚

例 이 **중국집**은 맛집으로 유명해요.

この中華料理店はおいしい店（グルメ店）として有名です。

□□□ 160

짜장면

ジャージャー麺

图 중국식 된장, 야채, 고기를 볶아 만든 소스에 면을 비벼 먹는 요리.

中国のみそ、野菜、肉を炒めて作ったソースに麺を混ぜて食べる料理。

된장 みそ　비비다 混ぜ合わせる

ⓘ 韓国独自の中華料理。자장면とも書く。

例 매운 게 싫으시면 **짜장면**을 드세요.

辛いのがお嫌いなら、ジャージャー麺を召し上がってください。

160語

● つなぎ言葉

・接続詞

□ 그리고	そして、それから	□ 그래서	それで、だから
□ 그러면 / 그럼	そうなら、そうすれば	□ 그런데 / 근데	ところで、だけど
□ 그러나 / 하지만	しかし、でも	□ 그러므로	だから、故に
□ 그렇지만	だが、しかしながら	□ 그러니까	だから
□ 왜냐하면	なぜなら(ば)	□ 예를 들면	例えば
□ 역시	やっぱり、やはり	□ 또는	または

・程度、速度を表す

□ 매우, 아주	とても、大変	□ 별로	別に、あまり
□ 빨리 / 빨리빨리	早く、速く／素早く	□ 잘 / 자주	よく／しょっちゅう
□ 바로	すぐ、直ちに	□ 겨우	やっと

・時間を表す

□ 지금	今	□ 요즘	この頃
□ 방금	ただ今、たった今	□ 아까	さっき、少し前
□ 이미	すでに、もう	□ 미리	前もって、あらかじめ
□ 갑자기	急に、いきなり	□ 언제나	いつも

●間違えやすい表現①

・日本語と韓国語で異なる表現

バスに乗る	□ 버스를 타다.(を乗る)
薬を飲む	□ 약을 먹다.(食べる)
お金を下ろす	□ 돈을 찾다.(探す)
試験を受ける	□ 시험을 보다.(見る)
授業(レッスン)を取る、受ける	□ 수업을 듣다.(聞く)
お湯を沸かす	□ 물을 끓이다.(水)

例 식사 후에 약을 먹어야 해요.
食事の後に薬を飲まなければなりません。

요즘 인터넷으로 한국어 수업을 듣고 있어요.
この頃、ネットで韓国語の授業を受けています。

●間違えやすい表現②

・더, 또, 다?

더	もっと[量]	더 주세요. もっとください。
또	また[再び]	또 주세요. またください。
다	全部	다 주세요. 全部ください。
하나 더	もう一つ	하나 더 주세요. もう一つください。(×더 하나)

・덜 と 더?

> 덜 もっと少なく < 基準 < 더 もっと多く

例 떡볶이를 더 맵게 해주세요. トッポッキをもっと辛くしてください。

떡볶이를 덜 맵게 해주세요. トッポッキの辛さを控えめにしてください。

062

스테이지 3

하면 된다.
やればできる。

□□□ 161

콧물

/ 콘물 / 鼻水

名 감기나 알레르기 등 때문에 코에서 나오는 액체.

風邪やアレルギーなどのせいで鼻から出る液体。

源 코(鼻)＋물(水)

例 **콧물**하고 기침이 나는데, 감기에 걸린 것 같아요.

鼻水と咳が出ているけど、風邪を引いたようです。

□□□ 162

가끔

たまに

副 자주가 아니고 어쩌다가 한 번.

しょっちゅうではなく、まれに一度。

어쩌다가 まれに、偶然に

≒ 때때로 時々 ⇔ 자주 しょっちゅう

例 **가끔** 한국에 가고 싶어집니다.

たまに韓国に行きたくなります。

□□□ 163

가능하다

可能だ

形 어떤 것을 할 수 있다.

あることができる。

≒ 할 수 있다 できる ⇔ 불가능하다 不可能だ

ⓘ 가능한 한 可能な限り

例 **가능한** 모든 방법을 알아 보겠습니다.

可能な全ての方法を調べてみます。

□□□ 164

늦다

/ 늗따 / 遅れる

動 ① 무엇을 하기로 정한 시간이 지나다.

何かをすると決めた時間が
過ぎる。

≒ 지각하다 遅刻する

ⓘ 연착되다 延着する　지연되다 遅延する
遅刻した時の一言に늦어서 미안합니다 (遅れてすみません)。

例 중요한 약속이니까 절대로 **늦으면** 안 돼요.

重要な約束だから絶対に遅れ
てはいけません。

遅い

形 ② 무엇을 하기에 적당한 시기나 시간이 이미 지나 있다.

何かをするのに適当な時期
がすでに過ぎている。

적당하다 適当だ

≒ 뒤늦다 手遅れだ　⇔ 이르다 早い

ⓘ 「寝坊する」늦잠을 자다。

例 요즘 매일 밤 **늦게**까지 드라마를 봐서 너무 피곤하네요.

最近毎日夜遅くまでドラマを見
て疲れますね。

□□□ 165

단점

/ 단쩜 / 短所

名 부족하거나 나쁜 점.

足りなかったり悪いところ。

≒ 나쁜 점 悪い点　⇔ 장점 長所

漢 短点

ⓘ 장단점 長所と短所　일장일단 一長一短

例 그 식당의 유일한 **단점**은 기다리는 시간이 길다는 거예요.

あの食堂の唯一の短所は、待ち
時間が長いということです。

165語

□□□ **166**

닫다

/ 닫따 / 閉める、閉じる

動 문이나 뚜껑 등이 열린 것을 막다.

ドアやふたなど、開いている所をふさぐ。

뚜껑 ふた　막다 ふさぐ

⇔ 열다 開ける

動 닫히다 閉まる

例 추우니까 문 좀 **닫아** 주시겠어요?

寒いのでドアを閉めていただけますか。

□□□ **167**

덥다

/ 덥따 / 暑い

形 땀이 날 정도로 기온이 높다.

汗が出るくらい気温が高い。

⇔ 춥다 寒い

ⓘ [ㅂ変] 더운/더워요/더우세요
「熱い」は뜨겁다、「厚い」は두껍다。

形 무덥다 蒸し暑い

名 더위 暑さ

例 **더우면** 에어컨을 켤까요?

暑かったらエアコンをつけましょうか。

깎다

/ 깍따 / 値切る、値引く

動 ① 물건 값을 낮추다.

品物の値段を下げる。

낮추다 下げる

ⓘ 가격을 깎다 価格を値切る　할인 割引

例 많이 사니까 조금 **깎아** 주시면 안 돼요?

たくさん買うので少しまけてもらえませんか。

刈る、剃る

動 ② 사람이나 동물의 털 등을 짧게 자르다.

人や動物の毛などを短く切る。

털 毛

ⓘ 수염을 깎다 ひげを剃る　잔디를 깎다 芝を刈る

例 진 씨는 짧게 **깎은** 머리도 잘 어울리네요.

ジンさんは坊主頭もよく似合いますね。

むく

動 ③ 칼 등으로 나무나 과일 등의 표면을 얇게 벗기다.

ナイフなどで木や果物の表面を薄く剥がす。

ⓘ 깎다 : 칼로 사과 껍질을 깎다 ナイフでリンゴの皮をむく
까다 : 손으로 귤 껍질을 까다 手でみかんの皮をむく

例 저는 사과를 잘 **깎는** 사람과 결혼하고 싶어요.

私はリンゴを上手にむく人と結婚したいです。

□□□ **169**

깨다

覚める

動 ① 잠에서 벗어나서 눈을 뜨다.

眠りから抜け出て目を開ける。

≒ 깨어나다 ⇔ 자다 寝る

ⓘ 술이 깨다 酔いが覚める　꿈을 깨다 夢から覚める

動 깨우다 覚ます、起こす

例 텔레비전 소리가 시끄러워서 잠이 **깼어요**.

テレビの音がうるさくて目が覚めました。

破る、割る

動 ② 단단한 것을 쳐서 부수다.

固い物をたたいて壊す。

≒ 깨뜨리다

ⓘ 접시를 깨다 皿を割る　기록을 깨다 記録を破る
약속을 깨다 約束を破る

動 깨지다 割れる

例 설거지를 할 때 실수로 접시를 **깼습니다**.

食器を洗う時、ミスしてお皿を割りました。

□□□ **170**

꿈

夢

名 자는 동안 마치 현실처럼 보고 듣고 느끼는 것.

寝ている間、まるで現実のように見て聞いて感じること。

ⓘ 「夢を見る」는 꿈을 꾸다.

例 **꿈** 속에서 돼지를 보면 좋은 일이 생긴다고 합니다.

夢の中で豚を見たらいいことがあるそうです。

□□□ **171**

각각

/ 각깍 / それぞれ、各々

名 하나하나의 것.

一つ一つのもの。

≒ 각자 各自

漢 各各

例 모두 **각각**의 생각을 말해 볼까요?

皆、それぞれの考えを言ってみましょうか。

□□□ **172**
갈아입다
/ 가라입따 / 着替える

> 動 옷을 벗고 다른 옷을 입다.

服を脱いで別の服を着る。

源 갈다(替える)＋입다(着る)

例 외출하기 전에 옷을 **갈아입어요**.

外出する前に服を着替えます。

□□□ **173**
감기
風邪

> 名 기침, 콧물, 두통, 오한 등의 증상이 있는 전염병.

咳・鼻水・頭痛・悪寒などの症状がある伝染病。

漢 感気

ⓘ 감기에 걸리다 風邪を引く
독감【毒感】＝인플루엔자 インフルエンザ
코로나바이러스감염증 コロナウィルス感染症

例 오늘은 추우니까 **감기** 걸리지 않게 조심하세요.

今日は寒いので風邪を引かないように気を付けてください。

□□□ **174**
감다
/ 감따 / (目を) 閉じる

> 動 ① 눈꺼풀을 내리고 아무것도 보지 않다.

まぶたを下して何も見ない。

눈꺼풀 まぶた

⇔ (눈을)뜨다 (目を)開ける

ⓘ 눈을 감았다 뜨다で「目を閉じて開ける」の意味。
눈을 깜빡이다は「瞬く」。

例 잠깐만 눈을 **감아** 보세요. 이제 됐어요.

ちょっとだけ目を閉じてください。もういいですよ。

(髪を) 洗う

> 動 ② 머리를 물로 씻다.

髪を水で洗う。

≒ 샴푸하다 シャンプーする

例 언제 머리를 **감았어요**?

いつ髪を洗いましたか。

174語

069

□□□ **175**

과일

果物

名 복숭아, 포도 등 나무에 열리는 먹을 수 있는 열매.

桃、ぶどうなど、木に実る食べられる果実。

열리다 実る   열매 果実

ⓘ 과수원 果樹園   과일가게 果物屋   과일주 果実酒
과일칼 果物ナイフ

例 장마가 길어져서 **과일** 가격이 올랐어요.

梅雨が長引いて果物の価格が上がりました。

□□□ **176**

구름

雲

名 작은 물방울이 모여서 하늘에 떠 있는 것.

小さい水滴が集まって空中に浮かんでいるもの。

물방울 水滴、水玉   뜨다 浮かぶ

ⓘ 먹구름 黒雲   비구름 雨雲   뭉게구름 積雲（綿雲）   안개 霧
구름 한 점 없는 하늘 雲一つない空

例 왜 비행기가 지나간 자리에는 **구름**이 생길까요?

なぜ、飛行機が通り過ぎた所には雲ができるのでしょうか。

□□□ **177**

그릇

/ 그륻 / 器

名 밥이나 반찬 등의 음식을 담는 식기.

ご飯やおかずなどの食べ物を盛る食器。

≒ 식기 食器   접시 お皿

ⓘ 밥그릇 ご飯茶碗   국그릇 汁物用の茶碗   접시 皿
그릇이 크다는 「器が大きい (度量が大きい)」の意味。

例 한국에서는 밥**그릇**을 손에 들고 먹지 않아요.

韓国では茶碗を手に持って食べません。

□□□ **178**

내리다

降る

動 ① 눈이나 비 등이 하늘에서 떨어지다.

雪や雨などが空から落ちて
くる。

ⓘ 비가 내리다/오다 雨が降る　강수량 降水量

例 우리는 눈이 **내리는** 날에 처음 만났어요.

私たちは雪が降る日に初めて
会いました。

降りる

動 ② 타고 있던 것에서 밖으로 나오다.

乗っている物から外に出る。

≒ 하차하다 下車する　⇔ 타다 乗る　승차하다 乗車する

例 다음 역에서 **내려서** 2호선으로 갈아타세요.

次の駅で降りて2号線へ乗り換
えてください。

□□□ **179**

그리다

描く

動 연필이나 붓 등으로 사물을 나타내다.

鉛筆や筆などで物を表す。

붓 筆

ⓘ 글을 쓰다 文字を書く　그림을 그리다 絵を描く

名 그림 絵

例 뭐든지 괜찮으니까 **그리고** 싶은 그림을 그리세요.

何でもいいので、描きたい絵を
描いてください。

□□□ **180**

놀라다

驚く、びっくりする

**動 뜻밖의 일에 불안하고 무서워서 가슴이
뛰다.**

予想外なことで不安だった
り怖かったりして、胸がドキ
ドキする。

뜻밖 予想外

180語

⇔ 진정하다 落ち着く

ⓘ 깜짝 놀라다 びっくり驚く

例 저를 보고 왜 그렇게 깜짝 **놀라세요**?

私を見てなぜそんなに驚くん
ですか。

□□□ **181**

마시다

飲む

動 물, 차, 술 등의 음료를 목구멍으로 넘기다.

水、茶、酒などの飲料を喉に通す。

목구멍 喉

ⓘ 尊敬語는 드시다.
「薬を飲む」는 약을 먹다。

例 건강을 위해서 물을 많이 **마시는** 게 좋아요.

健康のために水をたくさん飲むのがいいです。

□□□ **182**

먼저

先に、まず

副 무엇인가를 시작할 때 가장 처음으로.

何かを始める時、一番最初に。

⇔ 나중에 後で

諺 매도 먼저 맞는 놈이 낫다. (鞭も先に打たれる者がまし) 免れないことなら、いくら大変でも先に経験した方がよい。

例 **먼저** 음식을 주문한 후에 자리에 앉았어요.

先に食べ物を注文した後に席に座りました。

□□□ **183**

(배가)고프다

(お腹が)空いている

形 공복이라서 음식을 먹고 싶다.

空腹で食べ物が欲しい。

공복 空腹

⇔ (배가)부르다 (お腹が)いっぱいだ

ⓘ [으変] 고픈 / 고파요 / 고프세요

例 하루 종일 아무것도 안 먹어서 배가 **고픕니다**.

一日中何も食べなかったのでお腹が空いています。

□□□ 184

배탈

食あたり

名 먹은 음식이 소화가 안 돼서 배가 아프거나 설사를 하는 것.

食べた物が消化できず、お腹が痛かったり下痢をすること。

소화 消化 설사 下痢

≒ 복통 腹痛

ⓘ 배탈이 나다 お腹を壊す

源 배(腹)＋탈(病気)

例 소비기한이 지난 음식을 먹었더니 **배탈**이 났어요.

消費期限が過ぎた食べ物を食べたら、お腹を壊しました。

□□□ 185

볶음밥

/ 보끔밥 / 炒めご飯、チャーハン

名 고기나 야채 등을 작게 잘라서 밥과 함께 볶아서 만드는 요리.

切った野菜や肉をご飯と一緒に炒めた料理。

볶다 炒める

ⓘ 볶다 (炒める) の語幹に名詞化の「음/ㅁ」が付いて볶음 (炒め) となる。
오징어볶음 イカ炒め 낙지볶음 マダコ炒め 제육볶음 豚肉炒め

源 볶음(炒め)＋밥(飯)

例 김치**볶음밥**을 맛있게 만드는 법을 가르쳐 주세요.

キムチチャーハンをおいしく作る方法を教えてください。

□□□ 186

만들다

作る

動 새로운 것을 생기게 하다.

新しいものを生み出す。

≒ 제작하다 制作する

ⓘ [ㄹ変] 만드는/만들어요/만드세요
「作り方」は만드는 법。

例 맛있는 한국요리를 **만들어** 주세요.

おいしい韓国料理を作ってください。

186語

□□□ **187**

변호사
/ 변호사, 벼노사 / 弁護士

名 **자격을 가지고 법률에 관한 일을 전문적으로 하는 사람.**

資格を持って法律に関する仕事を専門的にする人。

ⓘ 사법고시 司法試験　로스쿨 ロースクール　검사 検事　판사 判事

例 준호 씨는 **변호사** 자격을 따기 위해 공부하고 있어요.

ジュノさんは弁護士資格を取るために勉強しています。

□□□ **188**

못하다
/ 모타다 / できない

動 **무엇을 잘 할 수 없다.**

何かを上手にできない。

≒ 할 수 없다　⇔ 잘하다 上手だ

動 잘못하다 間違える　잘 못하다 上手にできない

例 남동생은 노래를 좋아하지만, 잘 **못해요**.

弟は歌が好きですが、下手です。

□□□ **189**

무겁다
/ 무겁따 / (物が) 重い

形 ① **무게가 많이 나가다.**

目方が多い。

⇔ 가볍다 軽い

ⓘ [ㅂ変] 무거운 / 무거워요 / 무거우세요

名 무게 重さ

例 가방이 너무 **무거워서** 혼자서 들 수 없어요.

かばんがとても重いので、一人で持つことができません。

(責任が) 重い

形 ② **책임이 크고 중요하다.**

責任が大きくて重要だ。

책임 責任

≒ 크다 大きい

ⓘ [ㅂ変] 무거운 / 무거워요 / 무거우세요

例 그 아이는 집안의 가장으로 **무거운** 책임을 지고 있었다.

その子は家の家長として重い責任を背負っていました。

□□□ 190

미용실

美容室

名 주로 머리나 얼굴을 아름답게 해 주는 곳.

主に髪や顔をきれいにして
くれる所。

≒ 미장원【美粧院】 ⇔ 이발소 理髪店(「바버샵」とも言う)

(i) 머리를 하다 髪の手入れをする　파마를 하다 パーマをかける
염색하다【染色-】染める
「美容師」は미용사。

源 미용(美容) + 실(室)

例 친구 결혼식이 있어서 **미용실**에서 머리를 했어요.

友達の結婚式があるので美容
室で髪をセットをしました。

□□□ 191

바꾸다

変える、替える

動 이미 있는 것을 없애고 다른 것으로 하다.

すでにある物をなくして他
のものにする。

없애다 なくす

動 바뀌다 変わる

例 이거 다른 것으로 **바꿀** 수 있어요?

これ他のものに取り替えること
はできますか。

□□□ 192

바라다

願う、望む

**動 생각이나 일, 상태가 이루어지기를
기대하다.**

考えや事、状態がかなうこ
とを期待する。

이루어지다 かなう

例 항상 건강하시기를 **바랍니다**.

いつも元気でいらっしゃること
を願っています。

□□□ 193

별로

あまり、別に、さほど

193語

副 생각했던 것과 다르게.

思ったのと違って。

≒ 그다지 それほど　특별히 特別に

(i) 별로예요는「いまひとつです (あまりよくないです)」の意味。

例 오늘은 날씨가 **별로** 춥지 않네요.

今日は (天気が) あまり寒くな
いですね。

□□□ **194**

부르다

呼ぶ

動 ① 큰 소리나 손짓 등으로 다른 사람을
오라고 하다.

大きい声や手振りなどで他の人を来させる。

손짓 手振り

(i) [르変] 부르는/불러요/부르세요

例 교통사고로 사람이 다쳐서 구급차를 **불렀어요**.

交通事故で人がけがをしたので、救急車を呼びました。

歌う

② 노래하다.

歌う。

(i) 「歌を歌う」는 노래(를) 부르다。노래방【歌部屋】カラオケ

例 저는 노래방에서 혼자 노래 **부르는** 것을 좋아해요.

私はカラオケで、一人で歌を歌うのが好きです。

□□□ **195**

비밀

秘密

名 다른 사람이 모르게 숨기는 일.

他の人が分からないように隠すこと。

숨기다 隠す

(i) 비밀번호 暗証番号　비밀문서 秘密文書　비밀리 秘密裏

形 비밀스럽다 内密だ、密かだ

例 이건 **비밀**이니까 아무한테도 얘기하지 마.

これは秘密だから誰にも言わないで。

□□□ **196**

사거리

交差点、四つ角、十字路

名 길이 네 방향으로 갈라진 곳.

道が四方向に分かれている場所。

갈라지다 分かれる

(i) 삼거리 三叉路、Y字路

源 사(四)＋거리(道)

例 **사거리**에서 우회전하세요.

交差点で右折してください。

□□□ 197

생각

考え（思考）

名 ① 머리로 판단하거나 인식하는 것.

頭で判断したり認識すること。

판단하다 判断する 인식하다 認識する

ⓘ 「考えがよぎる、（〜な）気がする」는 생각이 들다.

動 생각하다 考える

例 나는 문득 그가 보고 싶다는 **생각**이 들었다.

私はふと彼に会いたいと思った。

思い出、回想、記憶

名 ② 어떤 사람이나 일에 대한 기억.

ある人や出来事についての記憶。

ⓘ 〜을/를 생각하다 〜を思い出す
〜이/가 생각나다 〜が思い出される

例 옛날 **생각**이 떠올라서 웃음이 나왔다.

昔の記憶が思い浮かんで笑いが出た。

考え、つもり（決意）

名 ③ 어떤 일을 하려는 마음.

何かを行おうとする心。

≒ 결심 決心

例 저는 한국에서 계속 살 **생각**이에요.

私は韓国にずっと住む考えです。

□□□ 198

설거지

皿洗い

名 먹은 뒤에 그릇을 씻어 정리하는 일.

食べた後、食器を洗って片付けること。

정리하다 整理する

ⓘ 식기세척기는【食器洗浄機】.

動 설거지하다 皿洗いする

例 부엌에서 아빠가 **설거지**를 하고 있어요.

台所でお父さんが皿洗いをしています。

198語

□□□ 199

설명

説明

名 **어떤 일을 알기 쉽게 풀어 말함.**

ある事柄について、分かりやすい言葉で述べること。

動 설명하다 説明する

例 이 **설명**이 너무 어려워요.

この説明がとても難しいです。

□□□ 200

성함

/ 성함, 성암 / お名前

名 **이름의 높임말.**

名前の尊敬語。

≒ 이름 名前

ⓘ 이름표는 「名札」のこと。 명함 名刺

例 실례지만, **성함**이 어떻게 되세요?

失礼ですが、お名前は何とおっしゃいますか。

□□□ 201

세수

洗顔

名 **물로 얼굴을 씻음.**

水で顔を洗うこと。

≒ 세안 洗顔

漢 洗手

ⓘ 「手を洗う」は手を洗う。

動 세수하다 顔を洗う

例 아침에 보통 **세수**를 한 후에 식사를 해요.

朝は普通顔を洗った後に食事をします。

□□□ 202

세탁소

/ 세탁쏘 / クリーニング屋

名 **빨래나 다림질 등을 해 주는 가게.**

洗濯やアイロンなどをしてくれる店。

다림질 アイロンかけ

漢 洗濯所

ⓘ 무인 세탁소 / 빨래방 コインランドリー

例 주말에 입으려고 원피스를 **세탁소**에 맡겼어요.

週末に着ようとワンピースをクリーニング屋に預けました。

☐☐☐ 203

빨래

洗濯

名 더러운 옷 등을 물에 빠는 일.

汚れた服などを水で洗うこと。

ⓘ [ㄹ変] 빠는/빨아요/빠세요
손빨래 手洗い   빨다 (服などを) 洗う

動 빨래하다 洗濯する

例 날씨가 좋을 때 **빨래**를 해야 해요.

天気がいい時、洗濯をしなければなりません。

☐☐☐ 204

소개

紹介

名 모르는 사람 등을 잘 알게 설명해서 알려줌.

知らない人などをよく分かるように説明して教えること。

ⓘ 자기소개 自己紹介   소개팅 (1対1の) 合コン

動 소개하다 紹介する

例 좋은 사람이 있으면 **소개** 부탁합니다.

いい人がいたら紹介してください。

☐☐☐ 205

소포

小包

名 우편으로 보내는 작은 짐.

郵便で送る小さい荷物。

ⓘ 「宅配」は택배。

例 한국에 사는 친구에게 **소포**를 보내고 싶어요.

韓国に住んでいる友達に小包を送りたいです。

☐☐☐ 206

수저

スプーンと箸

名 숟가락과 젓가락.

スプーンとお箸。

206語

例 식사할 때는 **수저**를 사용하세요.

食事をする時はスプーンと箸を使ってください。

□□□ **207**

슬프다

悲しい

形 눈물이 나올 만큼 마음이 아프다.

涙が出るぐらい心が痛い。

⇔ 기쁘다 うれしい

ⓘ (으変) 슬픈 / 슬퍼요 / 슬프세요

例 **슬픈** 영화는 보고 싶지 않아요.

悲しい映画は見たくありません。

□□□ **208**

시끄럽다

/ 시끄럽따 / うるさい

形 듣기 싫을 정도로 소리가 크다.

聞きたくないくらい音が大きい。

⇔ 조용하다 静かだ

ⓘ (ㅂ変) 시끄러운 / 시끄러워요 / 시끄러우세요

例 공사 때문에 밖이 너무 **시끄러워요**.

工事のせいで外がとてもうるさいです。

□□□ **209**

싱겁다

/ 싱겁따 / 味が薄い

形 음식에 소금기가 적거나 거의 없다.

料理に塩気が少ないかほとんどない。

⇔ 짜다 しょっぱい

ⓘ (ㅂ変) 싱거운 / 싱거워요 / 싱거우세요

例 이 김치는 조금 **싱겁네요**.

このキムチは少し味が薄いですね。

□□□ **210**

아주머니

おばさん

名 결혼한 여자를 부르는 말.

結婚した女性を呼ぶ言葉。

⇔ 아저씨 おじさん

ⓘ 아줌마도 「おばさん」だが、ややくだけた (親しみを込めた) 言い方。

例 동네 **아주머니**들이 드라마 이야기를 하고 있어요.

近所のおばさんたちがドラマの話をしています。

□□□ 211

악기 / 악끼 / 楽器

명 음악을 연주할 때 쓰는 물건.

音楽を演奏する時使うもの。

ⓘ 악기를 연주하다 楽器を演奏する
피아노를 치다 ピアノを弾く
바이올린을 켜다 バイオリンを弾く
피리를 불다 笛を吹く

例 제가 좋아하는 **악기**는 피아노예요.

私が好きな楽器はピアノです。

□□□ 212

연속극 / 연속끅 / 連続ドラマ

**명 라디오나 텔레비전에서 정해진 시간에
방송되는 드라마.**

ラジオやテレビで決まった
時間に放送されるドラマ。

≒ 드라마 ドラマ

ⓘ 주말연속극 週末ドラマ（土日放送）

例 주말마다 **연속극**을 보면서 스트레스를 풀어요.

毎週末、連続ドラマを見ながら
ストレスを解消します。

□□□ 213

적다 / 적따 / 書く

동 ① 쓰다, 기입하다, 메모하다.

書く、記入する、メモする。

例 여기에 이름과 연락처를 **적어** 주세요.

こちらに名前と連絡先を書い
てください。

少ない

형 ② 수나 양이 많지 않다.

数や量が多くない。

例 응모한 사람이 **적어서** 표를 살 수 있었어요.

応募した人が少なくて、チケット
を買うことができました。

213語

□□□ **214**

이해하다

理解する

動 어떤 상황인지 또는 무슨 내용인지를 잘 알다.

どんな状況か、また何の内容かを正しく分かる。

ⓘ「理解できません」は이해가 안 가요 / 안 돼요と言う。

名 이해 理解

動 이해되다 理解される

例 몇 번이나 읽었지만 내용을 **이해할** 수 없었어요.

何回も読んだけれど、内容を理解することができなかったです。

□□□ **215**

일주일

/ 일쭈일 / 一週間

名 월요일부터 일요일까지의 7일.

月曜日から日曜日までの7日間。

漢 一週日

ⓘ「一週間」は일주일동안と表す。(×일주간)

例 회의는 **일주일**에 한 번, 월요일에 있습니다.

会議は週に1回、月曜日にあります。

□□□ **216**

저녁

夕、晩

名 ①오후 늦은 시간으로 아직 밤이 되기 전.

午後の遅い時間で、まだ夜になる前。

例 할 말이 있는데, 오늘 **저녁**에 시간 어때요?

話がありますが、今日の夕方、時間どうですか。

夕食

名 ②하루 세 끼 중 저녁에 먹는 밥.

一日の3食のうち、夕方に食べるご飯。

세끼 3食、三度の食事

ⓘ「晩ごはん、夕飯」は저녁 (밥 / 식사)。야식【夜食】は「夜中に食べること」。

例 오랜만에 일찍 퇴근하니까 **저녁** 같이 먹어요.

久しぶりに早く会社から帰るから、夕飯を一緒に食べましょう。

□□□ **217**

주말

週末

> 名 **한 주일의 마지막 이틀. 토요일과 일요일.**

一週間の最後のうちの最後の2日間。土曜日と日曜日。

ⓘ 「平日」は평일または주중【週中】。

例 **주말**에는 가족들끼리 여행을 갈 생각이에요.

週末には家族で旅行に行くつもりです。

□□□ **218**

평일

平日

> 名 **월요일부터 금요일까지의, 공휴일을 뺀 보통날.**

月曜日から金曜日までの、祝祭日を除いた普通の日。

공휴일【公休日】祝祭日

例 **평일**에는 학교에 다니고 주말에는 아르바이트를 해요.

平日は学校に通っていて、週末はアルバイトをしています。

□□□ **219**

출근길

/ 출근낄 / 出勤の道、通勤の途中

> 名 **일하러 직장에 가는 길, 또는 그 도중.**

働くために勤務先に出かける道、またはその途中。

↹ 퇴근길 家に帰る途中

ⓘ 출퇴근길 (出退勤の道) の略でもある。

源 출근(出勤)+길(道)

例 **출근길**은 차가 막히니까 지하철을 이용하세요.

出勤する時は道が混むので、地下鉄を使ってください。

□□□ **220**

자르다

切る

220語

> 動 **물체를 칼이나 가위 등을 써서 둘 이상으로 나누다.**

物を包丁やはさみなどを使って2つ以上に分ける。

물체 物体

ⓘ 르変 자르는 / 잘라요 / 자르세요

動 잘리다 切られる、切れる

例 어제 미용실에 가서 머리를 **잘랐어요**.

昨日、美容室に行って、髪を切りました。

□□□ **221**

작다 / 작따 / 小さい

形 **보통보다 길이가 짧거나 면적이 좁다.**

普通より短かったり、面積が狭い。

길이 長さ 면적 面積

⇔ 크다 大きい

ⓘ 「細かい」は (大きさ) 잘다、(内容) 자세하다。

例 크기가 **작은** 가방은 많이 갖고 있어요.

大きさが小さいかばんはたくさん持っています。

□□□ **222**

직원 / 지권 / 職員

名 **직장에서 월급을 받고 일하는 사람.**

職場で給料をもらって働く人。

例 이 회사의 **직원**이 되려면 일본어를 잘해야 합니다.

この会社の職員になるには、日本語が上手ではないといけません。

□□□ **223**

팔다 売る

動 **물건의 값을 받고 그 물건을 돈을 낸 사람에게 주다.**

品物の代金をもらってその品を金を払った人に渡す。

≒ 판매하다 販売する ⇔ 사다 買う

ⓘ ㄹ変 파는 / 팔아요 / 파세요
사고팔다 売買する

例 내일부터 신제품을 **팔기** 시작해요.

明日から新製品を売り始めます。

□□□ **224**

움직이다 / 움지기다 / 動く

動 **자리를 옮기거나 자세를 바꾸다.**

席を移したり、姿勢を変える。

옮기다 移す 자세 姿勢

名 움직임 動き

例 아이가 계속 **움직여서** 사진을 찍을 수 없다.

子どもがずっと動いて写真を撮ることができない。

□□□ **225**

작년 / 장년 / 去年

名 **올해의 바로 하나 앞의 해.**

今年の直前の年。

≒ 지난해 ⇔ 내년/다음 해 来年

ⓘ 재작년 一昨年

例 **작년**에 그 친구를 처음 알게 됐어요.

去年、あの人を初めて知りました。

□□□ **226**

찜질방 チムジルバン

名 **한국식 사우나.**

韓国式のサウナ。

ⓘ 방은「部屋」の意味だが、合成語に使われると「店」を意味する。
例：노래방 カラオケ（店）　PC방 インターネットカフェ
　　만화방 マンガ喫茶

源 찜질（温泉療法）＋방（部屋）

例 **찜질방**에 가서 삶은 달걀도 먹고 마사지도 받아 보고 싶어요.

チムジルバンに行って、ゆで卵を食べたりマッサージも受けたりしてみたいです。

□□□ **227**

인기 / 인끼 / 人気

名 **많은 사람들에게 사랑받는 상태.**

たくさんの人々に愛されている状態。

ⓘ 인기가 있다「人気がある」の類義表現에 잘 나가다.

例 일본에서는 **인기**가 많지만 한국에서는 그렇지 않아요.

日本ではとても人気がありますが、韓国ではそうではありません。

228語

□□□ **228**

자주 しばしば

副 **짧은 사이에 다시 몇 번이나.**

短い間に再び何回も。

≒ 잘 よく

例 어렸을 때 아빠하고 **자주** 야구 구경을 갔었다.

子どもの頃、父とよく野球を観に行っていた。

□□□ **229**

장사
商売

名 돈을 벌려고 물건을 사서 파는 일.

お金を稼ぐために物を買って売ること。

動 장사하다 商売する

例 이모는 동대문시장에서 옷 **장사**를 하세요.

おばさんは東大門市場で服屋を営んでいます。

□□□ **230**

졸업식
/ 조럽씩 / 卒業式

名 학교에서 학업을 마친 것을 축하하는 의식.

의식 儀式

学校で学業を終えたことを祝う儀式。

源 졸업(卒業)＋식(式)

例 일본에서는 **졸업식**을 3월에 해요.

日本では卒業式を3月に行います。

□□□ **231**

중심
中心

名 한가운데. 또는 많은 것들이 모였을 때 가장 중요한 자리에 있는 것.

한가운데 真ん中

真ん中。または、たくさんのものが集まった時、最も大事なところにあるもの。

≒ 중앙 中央

例 아이들이 **중심**이 되어서 학교 축제를 준비했어요.

子どもたちが中心になって文化祭を準備しました。

□□□ **232**

직접
/ 직쩝 / 直接

副 중간에 어떤 것도 끼지 않고 바로.

끼다 挟む

間にどんなものも挟まずストレートに。

例 신청하려면 본인이 **직접** 가야 해요.

申し込むためには、本人が直接行かなければなりません。

□□□ **233**

짓다

/ 짇따 / 炊く、縫う、建てる

動 밥, 옷, 집 등을 만들다.

ご飯・衣服・住宅などをつくる。

ⓘ ㅅ 変 짓는 / 지어요 / 지으세요

例 건물을 **지을** 때는 뭐가 가장 중요할까요?

建物を建てる時は何が一番大事でしょうか。

□□□ **234**

큰소리

大声

名 목소리를 크게 내서 야단치는 소리.

声を大きく張り上げて叱りつける声。

야단치다 叱る

例 아이들에게 **큰소리**를 내지 않으려고 참았어요.

子どもたちに大声を出さないように我慢しました。

□□□ **235**

키우다

育てる、飼う

動 밥 등을 챙겨 주며 자라게 하다.

飯などを食べさせて育つようにする。

챙겨주다 面倒を見てあげる

動 크다 育つ、大きくなる

例 베란다에서 채소 **키우는** 것은 어렵지 않아요.

ベランダで野菜を育てることは難しくないです。

235語

□□□ **236**

편하다

/ 편하다, 펴나다 / 楽だ、心地よい

形 ① 몸이나 마음이 아프지 않고 좋다.

体や心が苦しくなくてよい。

漢 便-

⇔ 불편하다 不快だ

副 편히 / 편하게 楽に

例 이 소파는 정말 **편하네요.**

このソファはとても楽ですね。

簡便だ

形 ② 쉽고 편리하다.

易しくて便利だ。

⇔ 불편하다 不便だ

例 역도 가깝고 큰 마트도 있어서 살기 **편해요.**

駅も近くて大きなスーパーもあるので、住みやすいです。

□□□ **237**

한약

/ 하냑 / 韓薬、漢方薬

名 기운이 나게 도와주거나 치료를 하기 위한 (한방의) 약.

元気になるように助けたり、治療のための韓方薬。

기운이 나다 元気になる   한방 韓方、韓国伝統医術

漢 韓薬

例 요즘 기운이 없어서 **한약**을 먹고 있어요.

最近、元気がなくて韓薬を飲んでいます。

□□□ **238**

가깝다

/ 가깝따 / 近い

形 어떤 것에서 멀지 않다.

あるものから遠くない。

⇔ 멀다 遠い

ⓘ ㅂ変 가까운 / 가까워요 / 가까우세요

名 副 가까이 近く

例 여기서 제일 **가까운** 역은 어디입니까?

ここから一番近い駅はどこですか。

□□□ **239**

가볍다

/ 가볍따 / 軽い

形 **들어서 올리기에 무겁지 않다.**

持ち上げるのに重くない。

⇔ 무겁다 重い

ⓘ [ㅂ変] 가벼운 / 가벼워요 / 가벼우세요
입이 가볍다, 무겁다 口が軽い、堅い

例 점심을 많이 먹었으니까 저녁은 **가볍게** 먹을래요.

昼食をたくさん食べたので夕食は軽く食べます。

□□□ **240**

가장

最も、一番

副 **다른 어떤 것보다 제일.**

他のどれよりも一番。

≒ 제일【第一】一番

例 일곱 명의 멤버 중에서 **가장** 좋아하는 사람은 이 사람이에요.

7人のメンバーの中で一番好きな人は、この人です。

240 語

●마음「心」に関する表現

□ 마음에 들다	気に入る	□ 마음이 통하다	心が通じる
□ 마음이 가볍다	気が楽だ	□ 마음을 놓다	安心する
□ 마음을 먹다	心を決める	□ 마음을 정리하다	気持ちを整理する
□ 마음이 가다	心が引かれる	□ 마음을 쓰다	気(を)使う、思いやる

●신체「身体」に関する表現

□ 얼굴이 뜨겁다	顔が熱い (恥ずかしい)	□ 얼굴이 두껍다	厚かましい
□ 코가 높다	鼻が高い(プライドが高い)	□ 눈이 맞다	恋に落ちる
□ 입이 가볍다	口が軽い	□ 입이 무겁다	口が堅い、重い
□ 입이 짧다	食が細い	□ 입을 맞추다	口を合わせる
□ 귀가 얇다	人の意見に左右されやすい	□ 귀를 기울이다	耳を傾ける
□ 목이 잘리다	クビになる	□ 발이 넓다	顔が広い
□ 배가 아프다	嫉妬する	□ 엉덩이가 무겁다	尻が重い
□ 손에 익다	手慣れる	□ 손이 크다	気前がいい

●외모「外見」に関する表現

・スタイルの特徴

□ 첫인상	第一印象	□ 생김새	見た目、うわべの様子
□ 외모 / 겉모습	外見、見た目	□ 뒷모습	後ろ姿
□ 깔끔하다	さっぱりしている	□ 단정하다	端正だ
□ 귀엽다	かわいい	□ 예쁘다	きれいだ
□ 아름답다	美しい	□ 곱다	品があって美しい
□ 미인이다	美人だ	□ 화려하다	きれいだ、華麗だ、派手だ
□ 잘생기다	格好いい、ハンサムだ	□ 못생기다	不細工だ
□ 스타일이 좋다	スタイルがいい	□ 체격이 좋다	体格がいい
□ 배가 나오다	お腹が出る	□ 인상이 좋다	印象がいい
□ 개성이 있다	個性がある	□ 매력이 있다	魅力がある
□ 마르다	痩せる	□ 날씬하다	すらっとしている
□ 통통하다	ぽっちゃりしている	□ 뚱뚱하다	太っている
□ 키가 크다	背が高い	□ 키가 작다	背が低い

- **顔周りの特徴**

□ 얼굴이 갸름하다	顔が細長い	□ 둥그랗다 / 둥글다	丸い
□ 네모나다	四角い	□ 코가 높다	鼻が高い
□ 눈이 크다	目が大きい	□ 쌍꺼풀	二重まぶた
□ 속쌍꺼풀	奥二重	□ 생얼	すっぴん
□ 머리를 자르다	髪を切る	□ 생머리	ストレートヘア
□ 곱슬머리	くせ毛、天然パーマ	□ 대머리	はげ頭、スキンヘット

스테이지 4

티끌 모아 태산.
塵集めて泰山。

□□□ **241**

거울

鏡

名 **모양이나 모습을 비추어 보는 도구.**

形や姿を映して見る道具。

ⓘ 손거울 手鏡　벽거울 壁掛け鏡　전신거울 全身鏡

例 현관 벽에 큰 **거울**을 붙일까 해요.

玄関の壁に大きい鏡を付けようかと思います。

□□□ **242**

걱정

/ 걱쩡 /　心配

名 **무슨 일이 일어날까 봐 신경 쓰이고 불안한 것.**

何かが起きるのではないかと神経を使って不安なこと。

신경(이) 쓰이다 気になる

ⓘ 걱정이다 心配だ　걱정하지 마세요 心配しないでください

動 걱정하다 心配する

例 여자친구의 부모님을 만나는데 실수할까 봐 **걱정**이 돼요.

彼女のご両親に会うのですが、失敗するのではないかと心配です。

□□□ **243**

건강

健康

名 **몸과 마음이 튼튼하고 문제가 없는 상태.**

体と心が丈夫で問題がない状態。

ⓘ 건강진단 健康診断　국민건강보험 国民健康保険
건강보조식품 健康補助食品

形 건강하다 健康だ

例 김치는 **건강**에 좋은 음식이니까 매일 먹어요.

キムチは健康によい食べ物なので毎日食べます。

□□□ **244**

걷다

/ 걷따 /　歩く

動 **다리를 움직여서 어떤 방향으로 가다.**

足を動かしてある方向へ行く。

ⓘ ㄷ変 걷는 / 걸어요 / 걸으세요
걷기 歩き　워킹 ウォーキング

名 걸음 歩み

例 건강을 위해 많이 **걸으려고** 합니다.

健康のためにたくさん歩こうと思います。

□□□ 245

걸다

掛ける

動 ① **물건이 떨어지지 않도록 어디에 달다.**

物が落ちないようにどこか
につける。

ⓘ [ㄹ変] 거는/걸어요/거세요
~걸이에는 「~掛け」の意味がある。
例 : 옷걸이 ハンガー   귀걸이 イヤリング   목걸이 ネックレス

動 걸리다 掛かる

例 올해의 새 캘린더를 벽에 **걸었어요.**

今年の新しいカレンダーを壁
に掛けました。

(電話を) かける

動 ② **전화를 하다.**

電話をする。

ⓘ 전화를 걸다 電話をかける   전화를 잘못 걸다 電話をかけ間違える
잘못 건 전화 間違い電話

例 상담센터에 전화를 **걸었지만** 연결되지 않았어요.

相談センターに電話をかけま
したが、繋がりませんでした。

(命やお金を) かける

動 ③ **무언가를 위해 목숨이나 돈 등을 담보로
내다.**

何かのために命やお金など
を担保として出す。

목숨 命   담보 担保

ⓘ 목숨을 걸다 命をかける   명예를 걸다 名誉をかける
돈을 걸다 お金をかける

例 '두 사람은 곧 헤어진다'에 500원 **걸겠어요.**

「二人はすぐに別れる」に500
ウォンかけます。

246語

□□□ 246

검다

/ 검따 /   黒い

形 **색이 먹물과 같이 어둡고 짙다.**

色が墨のように暗くて濃い。

먹물 墨   짙다 濃い

≒ 까맣다   ⇔ 희다, 하얗다 白い

ⓘ 뱃속이 검다는 「腹黒い」の意味。
검은색/검정 黒色

例 **검은** 교복을 입은 학생은 제 남동생이에요.

黒い制服を着ている学生は私
の弟です。

□□□ **247**

결정 / 결쩡 / 決定

名 **방향이나 태도를 분명하게 정함.**

方向や態度をはっきりと決めること。

ⓘ 정하다 決める 정해지다 決まる

名 冠形 **결정적** 決定的

動 **결정하다** 決定する、決める **결정되다** 決定される、決まる

例 많이 생각해서 내린 **결정**이니까 후회하지 않아요.

たくさん考えて下した決定なので後悔しません。

□□□ **248**

기쁘다 うれしい

形 **즐겁고 기분이 좋고 행복하다.**

楽しくて気分がよく幸せだ。

⇔ 슬프다 悲しい

ⓘ 으変 기쁜/기뻐요/기쁘세요
기뻐하다는「うれしがる、喜ぶ」。

名 **기쁨** 喜び

例 이 **기쁜** 소식을 빨리 어머니께 전하고 싶습니다.

このうれしい知らせを早くお母さんに伝えたいです。

□□□ **249**

기억 記憶

名 **과거의 일을 잊지 않거나 다시 생각해 냄.**

過去の事を忘れなかったり、再び思い出すこと。

ⓘ 기억(생각)나다 思い出す 기억력 記憶力 기억상실 記憶喪失
추억 追憶

動 **기억하다** 記憶する **기억되다** 記憶される

例 아까 배운 단어인데 **기억**이 나지 않아요.

さっき習った単語なのに覚えていません。

□□□ 250
경우

場合

名 놓여있는 조건이나 상황.

置かれている条件や様子。

漢 境遇

ⓘ 경우에 따라서 場合によって
　〈連体形+경우〉でよく使う。
　例 : 이런 경우 このような場合　어떤 경우 どのような場合

例 구입한 물건을 사용하신 **경우**에는 교환이 불가능합니다.

購入した品物を使用された場合は交換が不可能です。

□□□ 251
넓다

/ 널따 / 広い

形 면적이나 폭이 크다.

面積や幅が大きい。

면적 面積　폭 幅

⇔ 좁다 狭い

ⓘ 오지랖이 넓다 (服の前の部分が広い) は「おせっかいだ」、발이
　넓다 (足が広い) は「顔が広い」の意味。

名 넓이 広さ

例 방이 너무 **넓으면** 청소하기 힘들지 않아요?

部屋があまりに広いと掃除するのが大変ではないですか。

□□□ 252
남다

/ 남따 / 残る

動 다 없어지지 않고 나머지가 있다.

全部なくならず、余りがある。

나머지 残り、残ったもの

動 남기다 残す

例 **남은** 음식은 싸 주세요.

残った食べ物は包んでください。
(持ち帰ります。)

□□□ **253**

다르다

異なる、違う

形 서로 같지 않다.

互いに同じでない。

⇔ 같다 同じだ

(i) [르変] 다른/달라요/다르세요
겉과 속이 다르다 裏表がある、建前と本音が違う

例 언니하고 저는 얼굴은 닮았지만 성격은 전혀 **달라요**.

姉と私は顔は似ているけど、性格はまったく違います。

□□□ **254**

다치다

傷つく、けがする

動 부딪치거나 맞거나 하여 몸에 상처를 입다.

ぶつかったり殴られたりして体に傷を負う。

부딪치다 ぶつかる　맞다 たたかれる

≒ 상처입다 傷つく

(i) 부상 負傷　경상 軽傷　중상 重傷

例 스키를 탈 때는 **다치지** 않게 조심하세요.

スキーをする時は、けがしないように気を付けてください。

□□□ **255**

닦다

/ 닥따 / 拭く、磨く

動 더러운 곳을 문질러서 깨끗하게 하다.

汚い所をこすってきれいにする。

문지르다 こする

(i) 눈물을 닦다 涙を拭く　이를 닦다 歯を磨く

例 대청소를 할 때 창문도 모두 **닦았어요**.

大掃除をする時、窓も全て拭きました。

□□□ **256**

달다

甘い

形 ① 설탕과 같은 맛이 나다.

砂糖のような味がする。

≒ 달콤하다 ⇔ 쓰다 苦い

ⓘ [ㄹ変] 단/달아요/다니까 (甘いので)
「甘い味」は단맛。
맵다 辛い 짜다 塩辛い 시다 酸っぱい 쓰다 苦い

例 포도가 정말 **달고** 맛있네요.

ブドウが本当に甘くておいしいですね。

つける

動 ② 물건의 일부분을 어떤 곳에 붙이거나 걸다.

物をどこかにつけたり掛ける。

≒ 붙이다 ⇔ 떼다 取り外す

ⓘ [ㄹ変] 단/달아요/다세요
「付ける」붙이다と달다 : 붙이다 物を貼り付ける。달다 物の一部を取り付けて、ぶら下げる。
例 : 포스터를 붙이다 ポスターを (貼り) 付ける
　　커튼을 달다 カーテンを (取り) 付ける

動 달리다 付く、ぶら下がる

例 귀여운 인형을 가방에 **달았네요**.

かわいい人形をカバンに付けましたね。

□□□ **257**

달리다

走る

257語

動 뛰어서 빨리 가다.

走って速く行く。

≒ 뛰다 走る、跳ぶ

ⓘ 달리기 시합【-試合】かけっこ
백 미터 달리기 100メートル走 높이뛰기 走り高跳び

名 달리기 走ること、ランニング

例 다이어트를 위해서는 **달리는** 것보다는 걷는 것이 좋대요.

ダイエットのためなら、走るよりは歩く方がよいそうです。

□□□ **258**

대답하다

/ 대다파다 / 答える、返事する

動 **질문에 응해서 자기 의견을 말하다.**

質問に応じて自分の意見を言う。

응하다 応じる　의견 意見

≒ 답하다【答-】　⇔ 질문하다 質問する

漢 対答-

ⓘ 말대답하다 口答えする
　답장하다【答状-】(手紙などの) 返事をする

例 공부를 안 해서 선생님의 질문에 **대답할** 수 없었어요.

勉強をしていないので先生の質問に答えられませんでした。

□□□ **259**

더럽다

/ 더럽따 / 汚い

形 **깨끗하지 않고 불결하다.**

きれいでなく不潔だ。

불결하다 不潔だ

≒ 불결하다 不潔だ　⇔ 깨끗하다 きれいだ　청결하다 清潔だ

ⓘ [ㅂ変] 더러운/더러워요/더러우세요

動 더러워지다 汚れる

例 실내화가 **더러워서** 빨아야 해요.

上履きが汚いので洗わなければいけません。

□□□ **260**

지저분하다

/ 지저분하다, 지저부나다 / 汚い、散らかっている

形 **옷, 책, 쓰레기 등이 제자리에 있지 않고, 여기저기 있어서 보기 싫다.**

服、本、ごみなどが本来の場所になく、あちこちにあって見苦しい。

제자리 本来の場所、元の所　여기저기 あちこち

ⓘ 「汚い」지저분하다と더럽다 : 지저분하다 片付け、掃除が必要な場合。더럽다 洗う必要がある場合。

例 방이 **지저분해서** 청소해야 해요.

部屋が汚いので掃除をしなければなりません。

□□□ **261**

강좌
講座

名 **전문적인 분야를 가르치는 수업.**
専門的な分野を教える授業。

전문적 專門的　분야 分野

ⓘ 강의 講義　강습 講習　강사 講師　특강 特講

例 여름방학에 하는 특별 **강좌**를 신청할까 해요.
夏休みにやる特別講座に申し込もうと思います。

□□□ **262**

거리
街、町、通り

名 ① **사람이나 자동차 등이 지나다니는 길.**
人や自動車が行き交う道。

≒ 도로 道路

ⓘ 차도 車道　인도【人道】步道　차 없는 거리 步行者天国
길거리 음식 ストリートフード

例 광화문 **거리**를 연인과 함께 걸어 보고 싶어요.
光化門の街を恋人と一緒に歩いてみたいです。

距離

名 ② **두 장소가 떨어져 있는 간격.**
二つの間が離れている間隔。

ⓘ 사회적 거리두기 ソーシャル・ディスタンス

例 그곳은 걸어서 갈 수 있는 **거리**가 아니에요.
そこは歩いて行ける距離ではありません。

□□□ **263**

건물
建物

名 **사람들이 생활하기 위해서 지은 건축물.**
人々が生活するため作った建築物。

짓다 作る、建てる

≒ 건축물 建築物

ⓘ 신축 건물 新築建物　건물을 짓다 建物を建てる

例 역 앞에 새로 생긴 **건물**에 가 봤어요?
駅の前に新しくできた建物に行ってみましたか。

263語

□□□ **264**

건배

乾杯

名 축하하거나 소원을 빌면서 술잔을 부딪히고 술을 마시는 것.

お祝いや願いを言いながら杯をぶつけてお酒を飲むこと。

소원 願い　빌다 祈る　술잔을 부딪히다 杯をぶつける

ⓘ 원 샷 一気飲み（ワンショット）
乾杯する時「위하여!（～のために）」とも言う。

例 우리의 우정을 위해서 **건배**해요. **건배**!

私たちの友情のために乾杯しましょう。乾杯!

□□□ **265**

볼거리

/ 볼꺼리 / 見どころ

名 구경할 만한 것.

見る価値のあるもの。

源 보다(見る)＋거리(もの)

ⓘ -거리 (いろいろなもの) が付く名詞には、먹거리「(いろいろな) 食べ物」、일거리「(いろいろな) 仕事」もある。

例 축제에 가면 **볼거리**가 많아요.

お祭りに行くと見どころが多いです。

□□□ **266**

불꽃놀이

/ 불꼰노리 / 花火大会

名 밤에 하늘로 화약을 쏘아 올려 불꽃이 퍼지게 하는 일.

夜、空に火薬を打ち上げて火花を広げること。

화약 火薬　쏘아 올리다 打ち上げる　퍼지다 広がる

ⓘ「お花見」は꽃구경。

源 불(火)＋꽃(花)＋놀이(遊び)

例 다마가와에서는 축제 행사의 하나로 **불꽃놀이**를 하고 있다.

多摩川ではお祭りのイベントの一つとして花火大会が開かれていた。

□□□ **267**

친절

親切

名 사람을 대하는 태도가 부드러움.

人に接する態度が優しいこと。

⇔ 불친절 不親切

形 친절하다 親切だ

副 친절히 親切に

例 매장 직원의 **친절**에 감동했어요.

売場の職員の親切に感動しました。

□□□ **268**

빠지다

落ちる、溺れる、はまる

動 ① 물이나 구덩이 등의 속으로 떨어지다.

水やくぼみなどに落ちる。

구덩이 くぼみ

≒ 떨어지다 落ちる

例 한눈을 팔고 가다가 자전거가 구덩이에 **빠졌어요**.

よそ見をしてたら自転車がくぼみの中に落ちました。

はまる、落ちる、溺れる

動 ② 무엇에 마음이 쏠리다.

何かに夢中になる。

쏠리다 偏る

ⓘ 사랑에 빠지다 恋に落ちる

例 요즘 아이돌에게 **빠져서** 거의 매일 유튜브만 보고 있어요.

最近アイドルにはまって、ほとんど毎日YouTubeばかり見ています。

268語

세우다

（人や物を）立てる、立
たせる、起こす

動 ① 몸이나 물건을 똑바로 위를 향하게 하다.

体や物を上へ向かってまっ
すぐにさせる。

똑바로 まっすぐに 향하다 向ける

例 선생님은 졸고 있던 학생을 자리에서 **세웠어요.**

先生は居眠りしていた学生を
席から立たせました。

（計画などを）立てる

動 ② 계획이나 결심 등을 미리 정하다.

計画や決心などを前もって
決める。

미리 前もって、あらかじめ

例 집 지을 계획을 **세우고** 있어요.

家を建てる計画を立てています。

止める

動 ③ 움직이는 것을 멈추게 하다.

動いているものをやむよう
にする。

ⓘ 차를 세우다 車を止める（＝주차하다 駐車する）

例 입구에 차를 **세우지** 마세요.

入り口に車を止めないでくださ
い。

세뱃돈

/ 세밷똔, 세배똔 /

お年玉

名 설날에 윗사람에게 세배를 하고 받는 돈.

お正月に目上の人にあいさつ
（セベ）をしてもらえるお金。

윗사람 目上の人　세배【歳拜】（目上の人にする）新年のあいさつ
ⓘ 関連単語に신년/새해（新年）、설날（正月）。

源 세배（新年挨拶）＋돈（お金）

例 설날 때 받은 **세뱃돈**을 모아 장난감을 사기도 했어요.

正月の時もらったお年玉を貯
めておもちゃを買ったりしまし
た。

□□□ **271**

소나기

にわか雨

名 주로 여름에 갑자기 세게 내리다가 곧 그치는 비.

主に夏に急に強く降り出して、間もなくやんでしまう雨。

例 갑자기 내린 **소나기**로 빨래가 다 젖어버렸어요,.

急に降った雨で洗濯物が全部ぬれてしまいました。

□□□ **272**

손바닥

/ 손빠닥 / 手のひら

名 손의 안쪽 부분.

手の内側。

⇔ 손등 手の甲

ⓘ 손가락 指　발바닥 足裏

源 손(手)＋바닥(平面)

例 나는 부끄러워서 **손바닥**으로 얼굴을 가렸어요.

私は恥ずかしくて手で顔を覆いました。

□□□ **273**

사랑하다

愛する

動 무엇을 매우 아끼거나 좋아하다.

何かをとても大事にしたり好きだ。

아끼다 大事にする

≒ 좋아하다 好きだ　⇔ 미워하다 憎む

ⓘ 짝사랑하다 片思いする
사랑받는다는「愛される」。

形 사랑스럽다 愛らしい

例 부모님이 반대했지만 그들은 서로 **사랑하고** 있었다.

両親は反対をしましたが、彼らはお互い愛し合っていた。

274語

□□□ **274**

사진

写真

名 카메라로 찍어서 종이나 컴퓨터 등에 나타낸 것.

カメラで撮って、紙やコンピューターなどに写したもの。

나타내다 表す

ⓘ 사진기 カメラ　사진관 写真館　여권 사진 パスポート写真
증명사진 証明写真

例 이력서에 쓸 증명**사진**을 찍었다.

履歴書に使う証明写真を撮った。

□□□ **275**

선배

先輩

名 같은 학교나 회사에 자기보다 먼저 들어온 사람.

同じ学校や職場に自分より先に入った人。

⇔ 후배 後輩

ⓘ 학교 선배 学校の先輩   회사 선배 会社の先輩
대선배 大先輩   선후배 先輩後輩

例 그는 자상한 **선배**지만 결혼 상대는 아닌 것 같아요.

彼は優しい先輩ですが、結婚相手ではなさそうです。

□□□ **276**

양념

ヤンニョム、薬味

名 음식의 맛을 살리기 위해 쓰는 재료.

食べ物の味を引き立てるために使う材料。

살리다 引き立てる

ⓘ 양념치킨 ヤンニョムチキン   양념갈비 ヤンニョムカルビ

動 양념하다 味付けする

例 불고기 **양념**을 만드는 법을 어머니한테서 배웠어요.

プルコギのヤンニョムの作り方をお母さんに習いました。

□□□ **277**

연말

年末

名 한 해가 끝날 무렵.

1年が終わる頃。

무렵 頃

⇔ 연초 年初

ⓘ 연말연시 年末年始   연말 정산 年末調整
「忘年会」는 송년회【送年会】。

例 **연말**의 연예인 시상식이 기대돼요.

年末の芸能人の授賞式が楽しみです。

□□□ **278**

영수증

領収書、レシート

名 가게 등에서 돈을 내고 받는 종이.

お店などでお金を払った時にもらう紙。

漢 領收証

ⓘ 현금 영수증 現金領收書

例 **영수증**이 없는데 교환할 수 있어요?

領収証がないのですが、交換できますか。

106

□□□ 279
옆집
/ 엽찝 / 隣の家

名 **우리집의 주변에 있는 집.**

わが家 [自分の家] の周辺にある家。

≒ 이웃집

源 옆(隣) + 집(家)

例 우리 엄마는 가끔 **옆집** 아줌마 집에 놀러 가서 수다를 떨어요.

うちのお母さんは時々、隣のおばさんの家に遊びに行っておしゃべりをします。

□□□ 280
예매
前売りを買うこと、予約

名 **차표나 입장권 등을 미리 사 두는 것.**

乗車券や入場券などを前もって買っておくこと。

차표 乗車券

漢 予買

ⓘ 예매권 前売り券　예매 사이트 前売り予約サイト

動 예매하다 前売り券を買う

例 영화표 **예매**는 영화평을 보고 하는 게 좋아요.

映画チケットの前売りは、映画の評判を見て買った方がいいです。

□□□ 281
예의
/ 예의, 예이 / 礼儀、マナー

名 **마땅히 지켜야 할 행동이나 말투.**

守るべき行動や話し方。

마땅하다 当然だ

ⓘ 예의가 없다/버릇이 없다 礼儀がない　예의범절 礼儀作法

例 부모와 자식 간에도 **예의**를 지켜야 해요.

親と子どもの間でも礼儀を守らなければなりません。

281語

□□□ **282**

외동딸

一人娘

图 여자 형제가 없거나 다른 자식이 없이
　하나뿐인 딸.

女きょうだいがいないか、他
の子どもがいない娘。

⇔ 외동아들 一人息子

ⓘ 무남독녀【無男獨女】兄弟のいない一人娘

源 외동(一人っ子)+딸(娘)

例 **외동딸**이어서 부모님과 오빠들의 귀여움을 많이 받았어요.

一人娘なので両親とお兄さん
たちにとてもかわいがってもら
いました。

□□□ **283**

외우다

/ 외우다, 웨우다 / 覚える

動 어떤 내용을 잊어버리지 않고 기억하다.

ある内容を忘れないで記憶
する。

≒ 암기하다 暗記する

例 7살 짜리 조카가 구구단을 **외우고** 있어요.

7歳のめいが九九を覚えていま
す。

□□□ **284**

우아하다

優雅だ、気品があって
美しい

形 기품이 있고 아름답다.

上品で美しい。

기품이 있다 気品がある

≒ 아름답다, 곱다 美しい

漢 優雅-

例 그 배우는 말투나 행동이 무척 **우아해요**.

その俳優は話し方や行動がと
ても優雅です。

□□□ **285**

안다

/ 안따 / 抱く

動 두 팔을 벌려 품 안에 있게 하다.

両腕を広げて、胸でかかえ
持つようにする。

벌리다 広げる

≒ 품다 抱く　껴안다 抱きしめる、抱きかかえる

例 아이를 **안아** 봐도 돼요?

子どもを抱いてみてもいいで
すか。

108

□□□ **286**

약간 / 약깐 / わずか、少し

名副 **정도나 양이 많지 않음.**

程度や量が多くない。

≒ 조금 少し ⇔ 많이 多く

漢 若干

例 그 상품은 **약간**의 흠이 있지만 성능은 일반 제품과 차이가 없었다.

その商品は少しの傷はあるけれど、性能は一般の製品と差がなかった。

□□□ **287**

예약 予約

名 **사거나 하려고 하는 것을 미리 약속함.**

買ったりやろうとすることをあらかじめ約束すること。

ⓘ 예약제 予約制　예약석 予約席　예약 녹화 予約録画　예약 손님 予約客

動 예약하다 予約する

例 신청자가 많아서 더 이상 **예약**을 받을 수 없습니다.

申請者が多いので、これ以上予約を受けられません。

□□□ **288**

연락 / 열락 / 連絡

名 **생각이나 정보를 서로 전하여 알림.**

考えや情報を互いに伝えて知らせること。

288語

ⓘ 연락처 連絡先　비상 연락망 非常連絡網

動 연락하다 連絡する

例 다음에 또 **연락**을 드리겠습니다.

また今度連絡をいたします。

□□□ **289**

영화

映画

名 필름 등에 담은 영상으로 감동을 주는
예술의 한 장르.

フィルムなどに収めた映像
で感動を与える芸術の一つ
のジャンル。

필름 フィルム　담다 (絵・文章などに) 収める、込める　영상 映像
ⓘ 영화관/극장 映画館　영화배우 映画俳優　영화감독 映画監督
一般的に映画館は劇場と言うことが多い。

例 그 감독의 **영화**는 꼭 보고 싶어요.

その監督の映画は必ず見たい
です。

□□□ **290**

외국

/ 외국, 웨국 / 外国

名 자기 나라 이외의 다른 나라.

自国ではなく、他の国。

이외 以外

≒ 국외 国外　해외 海外
ⓘ 외국어 外国語　영화 外国映画　외국인 등록증 外国人登録証
例 전보다 **외국** 여행을 가는 사람들이 많아졌어요.

前より海外旅行に行く人たち
が多くなりました。

□□□ **291**

음식

食べ物、料理

名 사람이 먹으려고 만든 밥이나 국 같은 것.
또는 먹을 수 있는 것.

人が食べるために作った、
飯や汁のようなもの。また、
食べられるもの。

≒ 먹을 것 食べ物　요리 料理
漢 飲食
ⓘ 飲食店 : 식당 食堂　음식점 飲食店　레스토랑 レストラン
例 출장지에서 **음식**이 입에 맞지 않아서 고생했어요.

出張先で食べ物が口に合わず
に苦労しました。

110

□□□ 292
자연
自然

名 사람이 일부러 만든 게 아니라 그냥 원래부터 존재하는 산, 강, 바다, 나무, 물고기 같은 것.

人がわざと作ったものではなく、元々存在する山、川、海、木、魚のようなもの。

일부러 わざと

⇔ 인공 人工

ⓘ 「自然が多い」と言いたい場合は、숲이 아름다워요, 자연 경관이 좋아요（森が美しいです、自然の景観がいいです）などと具体的に表現する。（×자연이 많다）

例 도심을 떠나서 **자연** 속에서 보내는 시간은 정말 소중해요.

都心を離れて自然の中で過ごす時間はとても大事です。

□□□ 293
음악회
/ 으마쾨, 으마퀘 / 音楽会

名 노래를 하거나 악기를 연주해서 사람들한테 그것을 들려주는 모임.

歌ったり楽器を演奏したりして、人々にそれを聞かせるための会。

≒ 콘서트 コンサート

源 음악(音楽)＋회(会)

例 우리 학교에서는 가을을 맞아 **음악회**를 열기로 했어요.

わが学校では秋を迎えて、音楽会を開くことにしました。

□□□ 294
장학금
/ 장학끔 / 奨学金

294語

名 성적이 우수하지만 경제적으로 어려운 학생에게 주는 돈.

成績は優秀だが、経済的に困難な学生に補助する金。

우수하다 優秀だ　경제적 経済的

例 이번 학기에 시험을 잘 봐서 **장학금**을 받았어요.

今学期に試験でいい成績を取って、奨学金をもらいました。

□□□ 295

줄

ひも、綱

名 ① **여러 개를 하나로 묶거나, 서로 연결하거나, 어디에 달기 위한 가늘고 긴 물건.**

何個かを一つに結んだり、互いにつないだり、どこかに掛けるための細長いもの。

묶다 結ぶ

≒ 끈

ⓘ 고무줄 ゴムひも　줄자 巻き尺　줄무늬 しま模様

例 캠핑을 가기 전에 **줄**을 묶는 방법을 배웠어요.

キャンピングに行く前にひもの結び方を習いました。

列、行列

名 ② **사람들이 순서를 기다리기 위해 나란히 서 있는 것.**

人々が順番を待つために並んで立っていること。

나란히 並んで

ⓘ 줄을 서다 並ぶ　줄이 길다 行列が長い

例 사인을 받기 위해 **줄**을 서서 차례를 기다리고 있어요.

サインをもらうため、列に並んで順番を待っています。

□□□ 296

중고

中古

名 **새것이 아니라 이미 사용했거나 오래된 물건.**

新品ではなく、すでに使ったものや古いもの。

≒ 중고품 中古品

ⓘ 중고차 中古車　중고 가구 中古家具
「売買する」는 사고팔다。

例 요즘 물가가 올라서 그런지 **중고**를 사고파는 사람들이 많아졌어요.

最近、物価が上がったせいか、中古を売買する人が増えました。

□□□ 297
흥미
興味

🈂 **즐겁고 신나는 재미, 또는 특별한 관심.**
楽しくて喜ばしい面白み、または特別な関心。

신나다 喜ぶ

≒ 관심 関心

ⓘ「興味がある」는 관심이 있다 (関心がある)と表す。

形 흥미롭다 興味深い

形 흥미진진하다 興味津々だ

例 나는 정치에 대해서 전혀 **흥미**가 없어요.
私は政治に関して全然興味がありません。

□□□ 298
위험하다
/ 위험하다, 위허마다 /　危ない、危険だ

形 **다칠 수 있기 때문에 안전하지 않다.**
けがの恐れがあって安全ではない。

名 위험 危険

例 겨울 등산은 준비를 잘 하지 않으면 아주 **위험합니다**.
冬の登山は準備をちゃんとしないと、とても危険です。

□□□ 299
입구
/ 입꾸 /　入り口

🈂 **밖에서 안으로 들어갈 수 있는 문이나 통로.**
外から中に入れる門や通路。

통로 通路

≒ 들어가는 곳　⇔ 출구/나가는 곳 出口

ⓘ 출입구 出入り口

例 사고로 **입구**가 막혀서 들어갈 수 없어요.
事故で入り口がふさがって入れません。

□□□ 300
저희
/ 저히 /　私たち、自分たち

🈂 **'우리'를 낮추어 부르는 말.**
「우리 (私たち)」のへりくだった言い方。

ⓘ 저희 집 私たちの家　저희 부모님 私たちの両親　저희 남편 私たちの夫　저희들/우리들 私たち

例 **저희**가 선생님 댁으로 가겠습니다.
私たちが先生のお宅に伺います。

300語

113

□□□ **301**
정류장

/정뉴장/ 停留所、バス停

图 버스가 손님을 태우고 내려 주기 위해 서는 장소.

バスが客を乗せて降ろすために、止まる場所。

태우다 乗せる

≒ 정류소 停留所　정거장 停車場

漢 停留場

源 정류(停留)＋장(場)

例 버스 **정류장**으로 친구를 마중 나갔어요.

バス停に友達を迎えに行きました。

□□□ **302**
중간

中間

图 ① 양끝에서 같은 거리만큼 온 곳.

両端から同じ距離の分を進んだ所。

≒ 가운데 真ん中

例 학교와 집의 **중간**에서 그를 만나기로 했어요.

学校と家の中間で彼に会うことにしました。

中間

② 좋지도 나쁘지도 않은 보통 정도.

よくも悪くもない普通くらい。

例 성적은 언제나 반에서 **중간**이에요.

成績はいつもクラスの真ん中です。

□□□ **303**
취소하다

取り消す、キャンセルする

動 전에 약속했던 것, 결정했던 것을 나중에 없애다.

前に約束したことや決定していたことを後から取りやめる。

≒ 중지하다 中止する

漢 取消-

名 취소 取り消し

動 취소되다 取り消される

例 몸이 너무 아파서 일정을 **취소하고** 병원에 갔어요.

体調がとても悪くて、スケジュールを取りやめて病院に行きました。

114

□□□ 304

피곤하다
/ 피곤하다, 피고나다 / 疲れる

形 근육이나 신경 등을 너무 써서, 몸이나
마음이 무겁다.

筋肉や神経などを使いすぎ
て、体や心が重い。

근육 筋肉　신경 神経

≒ 힘들다 大変だ　피로하다 疲れる　⇔ 건강하다 健康だ

漢 疲困-
피곤하다는 形容詞なので活用に注意。（×피곤하고 있어요）

名 피곤 疲労、疲れ

例 **피곤하실** 것 같은데, 먼저 쉬세요.

お疲れでしょうから、先に休ん
でください。

□□□ 305

혼자
独り、独りで

名 副 같이 있는 사람없이 한 사람.

一緒にいる人がおらず、独
り

⇔ 여럿 多数

ⓘ 「〜で」と言う時は、〜(이)서を付ける。
　例 : 혼자서 一人で　둘이서 二人で　셋이서 三人で

例 **혼자** 있는 게 편하지만 가끔 쓸쓸할 때도 있어요.

独りでいることも楽だけど、た
まに寂しい時もあります。

□□□ 306

자유롭다
/ 자유롭따 / 自由だ

306語

形 이것저것 걱정할 필요 없이 자신의 생각대로
할 수 있다.

あれこれ考える必要なく、
自分の気ままにできる。

ⓘ ㅂ変 자유로운/자유로워요/자유로우세요
　〜롭다 (〜らしい) は一部の名詞に付き、形容詞を作る。
　例 : 새롭다 新しい　흥미롭다 興味深い　평화롭다 平和だ

副 자유롭게 自由に

例 선생님 덕분에 **자유로운** 분위기 속에서 공부할 수 있었어요.

先生のおかげで、自由な雰囲気
の中で勉強することができまし
た。

□□□ **307**

잊다

/ 읻따 / 忘れる

🔟 **알고 있던 것이 생각나지 않다.**

覚えていたことが思い出せない。

≒ 잊어버리다 忘れてしまう　깜박하다 うっかりする

ⓘ 「家に忘れてきました」は집에 두고 왔어요 (家に置いてきました) と表す。(×집에 잊고 왔다)

🔟 잊혀지다 忘れられる

囫 비밀번호를 **잊어서** 메일을 확인할 수 없어요.

パスワードを忘れて、メールを確認できません。

□□□ **308**

출국

出国

🔳 **지금 있는 나라에서 다른 나라로 나가는 것.**

今滞在している国から違う国に出ること。

⇔ 입국 入国

ⓘ 출입국 出入国

🔟 출국하다 出国する

囫 딸아이의 **출국**이 얼마 남지 않아서 매우 바쁩니다.

娘の出国が間もないので、とても忙しいです。

□□□ **309**

필요하다

/ 피료하다 / 必要だ

🔳 **꼭 있어야 하다. 없으면 안 되다.**

必ずあるべきだ。なければならない。

⇔ 불필요하다 不必要だ

ⓘ 필요이다とは言わないので注意。

🔳 필요 必要

囫 **필요한** 물건들을 알려 주시면 사 놓을게요.

必要なものを教えていただければ買っておきます。

□□□ **310**

하룻밤

/ 하룯빰 / 一晩

名 밤이 되고 다음 날 아침이 될 때까지의 동안.

夜になって翌朝になるまでの間。

ⓘ 하루 1日 이틀 2日 사흘 3日 열흘 10日 보름 15日

源 하루(1日)＋밤(夜)

例 **하룻밤** 신세를 져도 될까요?

一晩お世話になってもいいですか（泊めていただけませんか）。

□□□ **311**

휴가

休暇

名 허락을 받고, 며칠이나 혹은 더 오랫동안 회사에 가지 않고 쉬는 것.

許可をもらって、数日またはもっと長い期間、会社に行かないで休むこと。

허락 許諾

ⓘ 휴가를 내다 休暇を取る
「学校の長期休み」には방학を使う。
월차 月休 연차 年休 반차 半休 휴가철 休暇シーズン

例 다음 **휴가**에 가고 싶은 곳이 있으세요?

今度の休暇に行きたい所はありますか。

□□□ **312**

태어나다

生まれる

動 아기나 동물의 새끼가 엄마 몸 밖으로 나오다.

人間や動物の子が母親の体の外に出る。

새끼 子

≒ 출생하다 出生する   ⇔ 죽다 死ぬ

ⓘ「生む／産む」は낳다。

例 아기가 **태어난** 지 얼마나 됐어요?

赤ちゃんが生まれてどのくらい経ちましたか。

□□□ **313**

한가하다

暇だ

形 바쁘지 않아서 시간과 마음의 여유가 있다.

忙しくなく、時間と心の余裕がある。

漢 閑暇-

ⓘ 심심하다 退屈だ

例 한 달 동안 바빴는데, 이제 좀 **한가해요**.

1カ月間忙しかったですが、今は少し暇です。

□□□ **314**

월급

月給、給料

名 매달 일하고 받는 돈.

月ごとに働いてもらう金。

≒ 급여 給与   보수 報酬

ⓘ 연봉 年俸   시급 時給   수당 手当   월급을 타다 給料を受け取る

例 이번에 **월급**을 받으면 새 양복을 사야겠어요.

今度給料をもらったら、新しいスーツを買うつもりです。

□□□ **315**

유명하다

有名だ

形 **대부분의 많은 사람들이 알고 있다.**

ほとんどの、多くの人が知っ
ている。

ⓘ 「~ (すること) で有名だ」は〈名詞+(으)로 유명하다〉、〈形
容詞・動詞+-기로 유명하다〉。

例 그 지역은 경치가 아름답기로 **유명합니다**.

あの地域は景色が美しいこと
で有名です。

□□□ **316**

주변

周辺

名 **어떤 것의 가까운 장소, 둘레.**

あるものの近い場所、周り。

둘레 周り

≒ 주위 周囲　근처 近所　가까이 近く　⇔ 중심 中心

例 역 **주변**은 집값이 다른 곳보다 좀 비싸요.

駅周辺は家の値段が他の所よ
り少し高いです。

□□□ **317**

결과

結果

名 **어떤 일의 원인과 과정을 거친 후의 끝.**

物事の原因と課程を経た後
の終わり。

거치다 経る

ⓘ 원인과 결과 原因と結果　인과관계 因果関係

名 冠形 결과적 結果的

317語

例 열심히 공부한 만큼 좋은 **결과**가 기대돼요.

一生懸命に勉強しただけに、い
い結果が期待されます。

□□□ **318**

계단

/ 계단, 게단 / 階段

名 **건물을 걸어서 오르내리기 위한 설비.**

建物を歩いて上り下りするための設備。

오르내리다 上り下りする

ⓘ 계단을 올라가다/내려가다 階段を上る／下りる
　비상계단 非常階段

例 **계단**을 오르는 것도 좋은 운동이 돼요.

階段を上るのもいい運動になります。

□□□ **319**

계산

/ 계산, 게산 / 計算

名 ① **수를 세거나 수식을 푸는 것.**

数を数えたり、数式を解くこと。

ⓘ 더하기 足し算　빼기 引き算　곱하기 掛け算　나누기 割り算

名 冠形 계산적 計算的

例 복잡한 **계산**은 계산기를 쓰는 게 좋겠어요.

複雑な計算は計算機を使うのがいいでしょう。

支払い

② **비용을 내는 것.**

費用を出すこと。

ⓘ 계산대【計算台】レジ　계산해 주세요 お会計お願いします

例 오늘 식사비는 사장님이 **계산**을 하실 겁니다.

今日の食事代は社長が支払ってくださいます。

□□□ 320
고향

故郷

名 **태어나서 자란 곳이거나 오래 살아서 정이 든 곳.**

生まれ育った所や長く住んで慣れ親しんだ所。

정이 들다 慣れ親しむ

ⓘ 태어난 곳 生まれた所　자란 곳 育った所
제2의 고향 第2の故郷

例 내가 살던 **고향**은 옛날 모습이 거의 남아있지 않습니다.

私が住んでいた故郷は昔の姿がほとんど残っていません。

◉「人」を表す名詞

・-생【生】

☐ 대학생	大学生	☐ 동창생	同窓生
☐ 아르바이트생/알바생	アルバイト生	☐ 신입생	新入生
☐ 유학생	留学生	☐ 졸업생	卒業生
☐ 중고생	中高生	☐ 하숙생	下宿生
☐ 수험생	受験生	☐ 재수생	浪人生

・-인【人】

☐ 외국인	外国人	☐ 지식인	知識人
☐ 한국인	韓国人	☐ 장애인	障がい者【障害人】
☐ 동양인	東洋人	☐ 정치인	政治家【政治人】
☐ 일반인	一般人	☐ 직장인	会社員【職場人】
☐ 연예인	芸能人	☐ 개개인	個々人

・-자【者】

☐ 가입자	加入者	☐ 과학자	科学者
☐ 노약자	老人や体の不自由な人【老弱者】	☐ 미성년자	未成年者
☐ 사회자	司会者	☐ 담당자	担当者
☐ 배우자	配偶者	☐ 보호자	保護者
☐ 자원봉사자	ボランティア【自願奉仕者】	☐ 소비자	消費者

・-원【員】(職業人、構成員)

□ 은행원	銀行員	□ 승무원	乗務員
□ 회사원	会社員	□ 안내원	案内員
□ 공무원	公務員	□ 상담원	相談員
□ 경비원	警備員	□ 연구원	研究員
□ 판매원	販売員	□ 종업원	従業員

・-사【士/師】(職業、職業人)

□ 의사	医師	□ 간호사	看護師
□ 요리사	料理人【料理師】	□ 변호사	弁護士
□ 미용사	美容師	□ 운전사	運転士
□ 통역사	通訳士	□ 보육사	保育士

・-객【客】

□ 여행객	旅行客	□ 관광객	観光客
□ 등산객	登山客	□ 이용객	利用客
□ 탑승객	搭乗客	□ 입장객	入場者

스테이지 5

공든 탑이 무너지랴.
念を入れて作った塔は崩れない。

□□□ **321**

넘다　　　　　　　　　　/ 넘따 /　超える、越える

🔟 **정해진 시간이나 범위를 벗어나다.**

決まった時間や範囲を外れる。

범위 範囲

ⓘ 「縄跳び」は 줄넘기。

🔟 넘기다 越す

🔟 한국어를 공부한 지 10년이 **넘었어요**.

韓国語を勉強してから10年が過ぎました (越えました)。

□□□ **322**

노력　　　　　　　　　　　　努力

🔠 **어떤 목적을 이루기 위하여 열심히 하는 것.**

ある目的を成し遂げるために一生懸命やること。

이루다 成す

ⓘ 노력가 努力家　노력상 努力賞

🔟 노력하다 努力する

🔟 열심히 **노력**을 했으니**까** 후회는 없어요.

一生懸命努力したので後悔はありません。

□□□ **323**

눈물　　　　　　　　　　　　涙

🔠 **주로 슬플 때 눈에서 나오는 투명한 액체.**

主に悲しい時、目から出る透明な液体。

투명하다 透明だ　액체 液体

ⓘ 눈물이 나다 涙が出る　눈물이 흐르다 涙が流れる

源 눈(目)＋물(水)

🔟 호스트패밀리와 헤어질 때는 나도 모르게 **눈물**이 났어요.

ホストファミリーと別れる時は思わず涙が出ました。

□□□ **324**
단속
取り締まり

名 법이나 규칙을 지키도록 통제하는 것.
法律や規則を守らせるために統制すること。

법 法律　통제하다 統制する

漢 団束

ⓘ 음주운전단속 飲酒運転取り締まり　문단속 戸締り
일제단속 一斉取り締まり

動 단속하다 取り締まる

例 교통 위반을 **단속**하는 것은 교통 경찰의 임무입니다.
交通違反を取り締まることは交通警察の任務です。

□□□ **325**
달력
カレンダー

名 일년 동안의 날짜를 표시해 놓은 것.
1年間の日付を表示したもの。

≒ 캘린더

ⓘ「何月何日」는 몇 월 며칠.

源 달(月)+력(暦)

例 한국의 **달력**에는 음력 날짜도 써 있습니다.
韓国のカレンダーには陰暦の日付も書いてあります。

□□□ **326**
담당
担当

名 어떤 일을 책임을 가지고 맡는 것.
ある仕事を責任をもって受け持つこと。

맡다 受け持つ

ⓘ 담당자 担当者　담당파트 担当パート

動 담당하다 担当する

例 이번 주는 제가 우리집 목욕탕 청소 **담당**이에요.
今週は私がわが家の風呂掃除担当です。

□□□ **327**

돕다

/돕따/ 助ける、手伝う

動 **다른 사람에게 힘을 보태거나 도움되는 일을 하다.**

他人に力を貸したり、役に立つことをする。

보태다 貸す

≒ 조력하다 助力する

ⓘ [ㅂ変] 돕는/도와요(×도워요)/도우세요
도우미 手伝ってくれる人 ※ボランティアから有給の人まで幅広く指す。
도와 주세요 助けてください

名 도움 助け

例 동료가 **도와 줘서** 일을 빨리 끝낼 수 있었습니다.

同僚が手伝ってくれたので、仕事を早く終わらせることができました。

□□□ **328**

마지막

最後

名 **순서의 제일 끝.**

順序の一番終わり。

≒ 끝 終わり ⇔ 처음 初め

ⓘ 처음이자 마지막 最初で最後　결말 結末

例 오늘은 드라마의 **마지막** 회니까 꼭 봐야 해요.

今日はドラマの最終回なので必ず観なければなりません。

□□□ **329**

마치다

終える、済ます

動 **하던 일을 마지막까지 해서 끝내다.**

やっていた仕事を最後までやって終わらせる。

≒ 완료하다 完了する ⇔ 시작하다 始める

ⓘ 마침표 ピリオド、終止符　일을 마치다 仕事を終える

例 일을 **마친** 다음에 다 같이 한잔하러 갈까요?

仕事を終えた後、みんなで一杯しに行きましょうか。

□□□ 330

맞다 / 맏따 / 正しい

動 ① 틀리지 않고 정답이다.

間違ってなく正解だ

정답 正解

≒ 정답이다 正解だ ⇔ 틀리다 間違える

ⓘ 맞습니다/맞아요 そうです (その通りです)

例 무엇이 **맞는** 대답인지 모르겠습니다.

何が正しい答えなのか分かりません。

合う

② 성질이나 규격이 일치하다.

性質や規格が一致する

성질 性質 규격 規格 일치하다 一致する

ⓘ 사이즈가 맞다 サイズが合う 입에 맞다 口に合う
마음이 맞다 気が合う 손발이 맞다 息 (歩調) が合う

例 저에게 **맞는** 사이즈가 있으면 좀 보여 주세요.

私に合うサイズがあれば見せてください。

殴られる

動 ③ 아플 정도로 어떤 힘이 가해지다.

痛いくらいに力が加わる。

가해지다 加わる

≒ 매(를) 맞다 むちで打たれる ⇔ 때리다 殴る

ⓘ 「暴力的だ」는 폭력적이다.

例 그 얼굴 왜 그래? 누구한테 **맞았어**?

その顔、どうしたの? 誰かに殴られた?

330語

打たれる

動 ④ (치료 등을 위한) 침이나 주사바늘에 몸이 찔리다.

(治療などのための) はりや注射針に体が刺される。

침 はり 찔리다 刺される

ⓘ 주사를 맞다 (患者が) 注射を受ける (打たれる)
주사를 놓다 (医者が) 注射を打つ

例 보건소에 백신 주사를 **맞으러** 갈 거예요.

保健所にワクチンの注射を受けに行くつもりです。

□□□ **331**

맞은편 / 마즌편 / 向かい側

名 보는 쪽에서 조금 떨어진 곳의 정면.

見る側から少し離れた所の正面。

정면 正面

≒ 건너편

漢 -便

例 편의점은 호텔 **맞은편**에 있습니다.

コンビニはホテルの向かい側にあります。

□□□ **332**

맵다 / 맵따 / 辛い

形 고추의 맛 등, 혀에 자극적인 맛이다.

唐辛子の味など、舌に刺激的な味である。

고추 唐辛子　자극적 刺激的

ⓘ ㅂ変 매운/매워요/매우세요
매운맛 辛口　순한맛 まろやかな味

諺 작은 고추가 맵다. (小さい唐辛子が辛い。) 山椒は小粒でもぴりりと辛い。

例 저는 **매운** 음식을 못 먹어요.

私は辛い食べ物は食べれません。

□□□ **333**

멋있다 / 머싣따 / 格好いい、すてきだ

形 보기에 훌륭하고 세련됐다.

見た目が立派で洗練されている。

세련되다 洗練される

≒ 멋지다 すてきだ　⇔ 멋없다 格好よくない、ダサい

ⓘ 멋쟁이 おしゃれな人
「イケメン」は잘생긴 남자、「ハンサムだ」は잘생겼다。

動 멋있어지다 格好よくなる

例 이 모자를 쓰면 더 **멋있을** 것 같아요.

この帽子をかぶったら、もっと格好いいと思います。

□□□ 334

모으다

集める

動 복수의 사람이나 물건 등을 한 장소에 합치다.

ばらばらのものを1カ所に合わせる。

복수 複数　합치다 合わせる

≒ 수집하다 収集する

ⓘ [으変] 모으는/모아요/모으세요
　 돈을 모으다 お金を集める（貯める）
　 관심을 모으다 関心を集める

動 모이다 集まる

例 제 친구의 취미는 피규어를 **모으는** 것이에요.

私の友達の趣味はフィギュアを集めることです。

□□□ 335

목소리

/ 목쏘리 /　声

名 말할 때 목에서 나는 소리.

しゃべる時、喉から出る音。

ⓘ 노랫소리 歌声　웃음소리 笑い声　울음소리 泣き声、鳴き声

源 목 (喉) + 소리 (音)

例 목감기에 걸려서 **목소리**가 안 나와요.

喉の風邪にかかって声が出ません。

□□□ 336

336語

목적

/ 목쩍 /　目的

名 하려고 하는 것이나 가려고 하는 방향.

しようとする事や進もうとする方向。

ⓘ 목적지 目的地　목적어 目的語　다목적 多目的

例 이번 여행의 **목적**은 무엇입니까?

今回の旅行の目的は何ですか。

□□□ **337**

계속

/ 계속, 계속 / 続けて

📖 **전부터 하던 일이 끊이지 않고 잇따라.**

前からやっていたことが絶えず続いて。

끊이다 絶える 잇따라 立て続けに

≒ 연속 連続

📘 계속하다 続ける 계속되다 続く

📝 시험에 합격할 때까지 **계속** 도전할 생각입니다.

試験に合格する時まで続けて挑戦するつもりです。

□□□ **338**

계획

/ 계획, 계획 / 計画、プラン

📗 **앞으로의 일을 구체적으로 정하는 것.**

これからのことを具体的に決めること。

구체적 具体的

⇔ 무계획 無計画

ⓘ 계획표 計画表　계획을 세우다 計画を立てる
　계획을 짜다 計画を練る

📙 冠形 계획적 計画的

📘 계획하다 計画する

📝 모든 일이 **계획**대로 되는 것은 아니에요.

全てが計画通りになるのではありません。

□□□ **339**

관심

関心、興味

📗 **어떤 것에 마음이 끌리는 것.**

あることに心が引かれること。

≒ 흥미 興味

⇔ 무관심 無関心

ⓘ 관심이 있다/없다 関心がある／ない
　관심을 보이다 関心を見せる

📝 우연히 드라마를 보고 그 배우에게 **관심**을 가지게 됐어요.

偶然ドラマを観て、あの俳優に関心を持つようになりました。

□□□ **340**

그냥

そのまま

圖 **있는 그대로.**

あるがまま。

(i)「なんとなく」や「ただの」の意味もある。
例：그냥 한 번 해 봤어요. (なんとなく一回やってみました。)
　그냥 친구예요. (ただの友達です。)
그냥 그렇다 まあまあだ

例 제가 치울 테니까 컵은 **그냥** 두세요.

私が片付けますのでコップは
そのまま置いてください。

□□□ **341**

그만두다

やめる

圖 **하던 일을 중단하다.**

やっていることを中断する。

중단하다 中断する

≒ 중단하다 中断する ⇔ 계속하다 継続する、続ける

源 그만(それくらいで)+두다(置く)

例 한국어 공부를 **그만둘** 생각은 전혀 없어요.

韓国語の勉強をやめるつもり
はまったくありません。

□□□ **342**

볼일

/ 볼릴 / 用、用事、用件

342語

名 **해야 할 일이나 용건.**

やるべきことや用件。

용건 用件

≒ 일 仕事、用

(i) 볼일을 보다 : ①用事を済ます ②大小便をする

源 보다(볼)+일(用)

例 미안해요. 오늘은 **볼일**이 있어서 못 만나요.

すみません。今日は用事があっ
て会えません。

□□□ 343

외모 / 외모、웨모 / 外見、見た目

图 겉으로 보이는 사람의 모양새.

表から見える人の様子。

모양새 格好、様子

≒ 겉모습 見かけ

⇔ 내면 内面

例 그는 **외모**와는 달리 친절한 사람이에요.

彼は外見とは違って親切な人です。

□□□ 344

배달 配達

图 우편물이나 물건, 음식 등을 원하는 곳에 가져다 줌.

郵便物や商品、食べ物を希望する所に届けること。

ⓘ 신문 배달 新聞配達   우유 배달 牛乳配達
배달원 / 배달부 配達員
「出前」も배달と言う。

動 배달하다 配達する

例 근처 중국집에서 짜장면과 짬뽕을 **배달** 시켜 먹었어요.

近所の中華料理店でジャージャー麺とちゃんぽんを出前で頼んで食べました。

□□□ 345

바가지요금 ぼったくり料金

图 제값보다 터무니없이 비싼 요금.

適正な値段よりはるかに高い料金。

터무니없다 根拠がない、とてつもない

⇔ 제값【正価】適正な値段

ⓘ 「ぼったくられる」は바가지を使う。

例 요즘은 택시의 **바가지요금**이 많이 없어졌어요.

最近はタクシーのぼったくりが、かなりなくなりました。

□□□ 346

부딪치다 / 부딛치다 / ぶつかる、突き当たる

動 매우 세게 마주 닿다.

非常に強く当たったりすること。

마주 닿다 当たる

例 옆 사람하고 **부딪쳐서** 컵을 떨어뜨렸어요.

隣の人とぶつかってコップを落としました。

□□□ **347**

부잣집

/ 부잗찝, 부자찝 / お金持ちの家

图 **재산이 많은 집.**

財産が多い家。

재산 財産

ⓘ 부자【富者】は「お金持ち」の意味。

源 부자(お金持ち)＋집(家)

例 그녀는 **부잣집**에서 태어나서 아무 걱정 없이 자랐다.

彼女はお金持ちの家で生まれて何の心配もなく育った。

□□□ **348**

소문

うわさ

图 **사람들 사이에 퍼지거나 전하여 들리는 말.**

人々の間で広まったり、伝わってくる話。

퍼지다 広まる

ⓘ 헛소문 デマ　소문이 자자하다 うわさが広まっている

動 소문나다 うわさになる

例 그 **소문**은 SNS로 빠르게 퍼져나갔다

そのうわさはSNSで早く広まっていった。

□□□ **349**

시원하다

/ 시원하다, 시워나다 / 涼しい

形 **덥거나 춥지 않고 알맞게 선선하다.**

暑かったり寒くなく、程よく涼しい。

ⓘ 시원시원하다 はきはきしている、てきぱきする
　慣用句に속(이) 시원하다 (悪いことがなくなって気分が爽快だ)。
　熱いスープを飲んで시원하다 (スッキリする、染みる)とも言う。

例 10월이 되니까 밤공기가 **시원해**졌어요.

10月になると夜の空気が涼しくなりました。

□□□ **350**

사고

事故

图 **갑자기 일어난 좋지 않은 일.**

急に起きたよくないこと。

ⓘ 교통사고 交通事故　인명【人命】사고 人身事故

例 항상 뜻밖의 **사고**에 대비해야 한다.

いつも、思いがけない事故に備えなければならない。

□□□ **351**

사용하다

使用する

動 목적이나 필요에 맞게 쓰다.

目的や必要に応じて使う。

≒ 쓰다 使う

動 사용되다 使用される

名 사용 使用

例 어른에게는 존댓말을 **사용해야** 해요.

目上の人には敬語を使用しな
ければなりません。

□□□ **352**

상품

商品

名 장사를 하기 위한 물건.

商売をするための品物。

≒ 제품 製品

ⓘ 신상품 新商品　신제품 新製品

例 요즘 잘나가는 **상품**이 뭐예요?

最近売れている商品は何です
か。

□□□ **353**

사촌

いとこ

名 부모님의 형제자매의 자식과 나와의 관계.

両親の兄弟姉妹の子どもと
自分の関係。

자매 姉妹

ⓘ 사촌지간 いとこの間柄
親戚のように近しいお隣さんを이웃사촌 (隣のいとこ) と言う。

例 **사촌** 누나가 그 일을 정확하게 기억하고 있었어요.

いとこの姉がそのことを正確に
記憶してました。

□□□ **354**

숙박

/ 숙빡 /　宿泊

名 자기 집이 아닌 곳에서 자는 것.

自宅ではない所で寝ること。

≒ 투숙 投宿

ⓘ 숙박 시설 宿泊施設　숙박비 宿泊費
「泊まる、宿る」は묵다。

動 숙박하다 宿泊する

例 싸게 **숙박**을 할 수 있는 게스트하우스가 있어요.

安く宿泊をすることができるゲ
ストハウスがあります。

□□□ **355**

숨기다

隠す

🔵 **무엇을 감추어 눈에 보이지 않게 하다.**

何かを隠して目に触れないようにする。

감추다 隠す

≒ 감추다

ⓘ 「隠れる」는 숨다.

例 몰래 **숨겨** 둔 용돈을 아내가 찾았어요.

こっそり、隠しておいたお小遣いを家内が見つけました。

□□□ **356**

술자리

/ 술짜리 / 酒席、飲み会

🔵 **술을 마시며 얘기를 하거나 노는 자리.**

酒を飲みながら話をしたり遊ぶ席。

源 술(お酒)+자리(席)
会社の飲み会は회식「会食」と言うことが多い。

例 어젯밤에는 **술자리**가 있어서 밤늦게 돌아왔어요.

昨日の夜は、私たちは飲み会があって夜遅くに帰りました。

□□□ **357**

습도

/ 습또 / 湿度

🔵 **공기 중에 들어 있는 수증기의 정도.**

空気中に含まれる水蒸気の割合。

수증기 水蒸気

≒ 습기 湿気

例 장마철에는 **습도**가 높아서 빨래가 잘 마르지 않아요.

梅雨時には湿度が高いので、洗濯物がよく乾きません。

□□□ **358**

신나다

楽しい、テンションが上がる

🔵 **흥이 나서 기분이 아주 좋아지다.**

興が乗って気分が非常によくなる。

흥이 나다 興が乗る

例 오랜만에 야외에 나가서 **신나게** 놀아요.

久しぶりに野外に出て楽しく遊びましょう。

358語

□□□ **359**

싣다 / 실따 / 載せる

動 물건을 옮기려고 차, 배 등에 넣어 놓다.

物を移そうと、車、船、などに入れておく。

옮기다 移す

ⓘ [ㄷ変] 싣는 / 실어요 / 실으세요

例 짐은 뒤에 있는 트렁크에 **실어** 주세요.

荷物は後ろにあるトランクに載せてください。

□□□ **360**

심부름 お使い

名 남에게 부탁 받거나, 남이 시킨 일을 하는 것.

他人に頼まれたり、言われた事をすること。

대신하다 代わりにする

ⓘ 심부름값 お使い代、お駄賃　심부름센터 便利屋

動 심부름하다 お使いする

例 누나는 나한테 이것저것 **심부름**을 시켰다.

姉は私にあれこれお使いをさせた。

□□□ **361**

심심하다 / 심심하다, 심시마다 / 退屈だ、つまらない

形 하는 일이 없어서 재미가 없고 지루하다.

やることがなくて面白くなく、あきあきする。

≒ 지루하다 (同じ状態が続いて) 退屈だ
지겹다 (同じ状態が続いて) 飽き飽きする

例 평일에는 같이 놀 친구가 없어서 너무 **심심해요**.

平日には一緒に遊ぶ友達がいないので、とてもつまらないです。

□□□ **362**

싸구려 安物

名 값이 싸거나 질이 좋지 않은 물건.

値段が安く、質がよくない物。

질 質

ⓘ 싸구려 화장품 安い化粧品

例 이 옷은 비싼 것인데 **싸구려**처럼 보인대요.

この服は高い物ですが安物に見えるそうです。

138

□□□ **363**

애인

恋人

名 **서로 사랑하는 관계에 있는 사람.**

互いに愛し合っている関係の人。

≒ 연인 恋人

漢 愛人

ⓘ 日本語の「愛人」とは異なり、付き合っている人を指す。

例 그는 **애인**을 만나러 가기 위해 서둘러 집을 나섰다.

彼は恋人に会いに行くために急いで家を出た。

□□□ **364**

야단맞다

/ 야단맏따 / 叱られる

動 **윗사람한테 잘못한 일을 제대로 하라고 꾸지람을 듣다.**

目上の人から間違ったことをちゃんとするように叱られる。

윗사람 目上の人　제대로 ちゃんと　꾸지람을 듣다 叱られる

≒ 혼나다 怒られる　⇔ 혼내다 叱る　야단치다 怒る

例 **야단맞을까** 봐 얘기도 못 꺼냈어.

叱られるんじゃないかと話し出せなかったよ。

□□□ **365**

여드름

ニキビ

名 **주로 청소년기에 얼굴 등에 생기는 작은 염증**

主に青少年期に顔などにできる小さい炎症。

청소년기 青少年期　염증 炎症

ⓘ 「ニキビができる」は여드름이 나다。「吹き出物」は뾰루지。

例 **여드름** 자국은 생각보다 잘 없어지지 않아요.

ニキビの痕は思ったよりよく消えないです。

□□□ **366**

열대야

/ 열때야 / 熱帯夜

名 **방 밖의 온도가 25도 이상인 매우 무더운 밤.**

部屋の外の温度が25度以上のとても蒸し暑い夜。

源 열대(熱帯)＋야(夜)

例 며칠째 **열대야**가 계속되어 잠을 전혀 자지 못했어요.

何日か熱帯夜が続いて、全然眠れませんでした。

366語

139

□□□ **367**

예보

予報

名 앞으로 일어날 일을 예상하여 미리 알림.

예상하다 予想する

ⓘ 일기예보 天気予報
「気象庁」는 기상청.

例 비가 온다는 **예보**가 있었는데, 눈이 오네요.

将来起こることを予想して、前もって知らせること。

雨が降ると予報がありましたが、雪が降っていますね。

□□□ **368**

오르내리다

上下する、上り下りする

動 위로 갔다 아래로 갔다 하다.

源 오르다(上る)+내리다(下りる)

例 엘리베이터가 고장나서 걸어서 5층까지 **오르내렸어요**.

上に行ったり下に行ったりする。

エレベーターが故障して、歩いて5階まで上り下りしました。

□□□ **369**

온도

温度

名 따뜻함과 차가움의 정도를 나타내는 수치.

수치 数値

≒ 기온 気温

ⓘ 온도계 温度計   체감 온도 体感温度

例 낮과 밤의 **온도** 차이가 커요.

温かさと冷たさの度合いを示す数値。

昼と夜の温度差が大きいです。

□□□ **370**

온돌

オンドル

名 더운물 등으로 방바닥 전체를 따뜻하게 하는 난방 장치.

방바닥 床   난방 장치 暖房装置

漢 温突

ⓘ 온돌방 オンドル部屋
찜질방 チムジルバン

源 온돌(オンドル)+방(部屋)

例 한국에서는 옛날부터 **온돌**을 사용하고 있었어요.

お湯などで床全体を暖かくする暖房装置。

韓国では昔からオンドルを使用していました。

□□□ 371
옷차림
/ 옫차림 / みなり、服装

名 옷을 입은 전체적인 모양새나 패션 스타일.

服を着た全体的な格好や
ファッションスタイル。

모양새 格好

≒ 복장 服裝

源 옷(服)＋차림(姿)

例 가벼운 **옷차림**으로 산책을 나왔다.

軽い服装で散歩に出た。

□□□ 372
왕복
往復

名 어떤 곳에 갔다가 돌아옴.

ある場所に行って帰ること。

⇔ 편도 片道

動 왕복하다 往復する

例 제주도까지 **왕복** 비행기 값은 얼마였어?

済州島まで往復の飛行機代は
いくらだった?

□□□ 373
용서
容赦、許し

名 잘못에 대하여 벌을 주지 않고 너그럽게
이해함.

過失に対し、罰を与えること
なく、寛大に理解すること。

374語

너그럽다 寬大だ

動 용서하다 許す　용서받다 許される

例 아버지에게 우리가 잘못했다고 **용서**를 빌었어요.

お父さんに私たちが間違って
いたと許しを請いました。

□□□ 374
우연히
/ 우연히, 우여니 / 偶然、たまたま

副 생각 못 한 일이 저절로 이루어지는 모양.

思いがけないことがおのず
と起こるさま。

저절로 おのずと　이루어지다 成る

例 길에서 **우연히** 고등학교 때 친구를 만났어요.

道で偶然、高校の時の友達に
会いました。

□□□ **375**

안전

安全

🔲 **위험이 생기거나 사고가 날 걱정이 없음.**

危険が生じたり事故が発生する心配がないこと。

⇔ 위험 危険

ⓘ 「シートベルト」は안전벨트。

形 안전하다 安全だ

例 학생들의 **안전**을 위해서 학교 앞에 횡단보도를 만들었어요.

生徒たちの安全のために、学校の前に横断歩道を作りました。

□□□ **376**

양복

スーツ、背広

🔲 **서양에서 들어온 남성의 정장.**

西洋から入った男性の正装。

서양 西洋　정장 正裝

≒ 정장 正裝　⇔ 한복 韓服

漢 洋服

ⓘ 양복집(점) 仕立屋
「スーツを仕立てる」は양복을 맞추다。

例 삼촌은 새로 산 **양복**을 입고 면접을 보러 갔어요.

叔父は新しく買ったスーツを着て面接を受けに行きました。

□□□ **377**

옮기다

/ 옴기다 / 移す

🔲 **다른 곳으로 위치를 바꾸게 하다.**

他の所に位置を変えるようにする。

≒ 이동시키다 移動させる

例 소파를 저쪽으로 **옮겨** 주세요.

ソファをあそこに移してください。

□□□ **378**

올라가다

上がる、登る

🔲 **낮은 곳에서 출발해서 높은 곳으로 향해 가다.**

低い所から出発して高い所に向かって行く。

⇔ 내려가다 降りる

ⓘ 地方からソウルに올라가다 (上る) と言う。

例 우리집 옥상에 **올라가면** 바다가 보여요.

私たちの家の屋上に上がると海が見えます。

□□□ 379
주장
主張

图 자기 의견을 다른 사람들한테 인정 받으려고
계속해서 강하게 말하는 것.

自分の意見を他の人に認め
てもらおうと、続けて強く
言うこと。

의견 意見

動 주장하다 主張する

例 두 사람은 서로 **주장**이 달라요

二人はお互いの主張が違いま
す。

□□□ 380
자라다
育つ

動 살아 있는 것들이 시간이 지나면서 점점
커지다.

生きているものが、時が経
つに連れてだんだん大きく
なる。

≒ 성장하다 成長する　크다 大きくなる

例 아이들이 **자라서** 결혼할 나이가 됐어요.

子どもが大きくなって、結婚す
る年になりました。

□□□ 381
잠들다
眠る、寝付く

動 눈을 감고 의식이 없는 상태가 되다.

目を閉じて意識のない状態
になる。

≒ 자다 寝る

ⓘ **[ㄹ変]** 잠드는/잠들어요/잠드세요
잠을 자다 寝る　잠이 안 오다 眠れない

源 잠(眠り)+들다(入る)

例 **잠든** 아기의 얼굴이 너무 귀여워요.

眠った赤ちゃんの顔がとても
可愛いです。

□□□ 382
주인
持ち主

图 어떤 대상을 소유한 사람. 그것을 가진 사람.

소유하다 所有する

ある対象を所有している人。
それを (自分のものとして)
持っている人。

漢 主人

ⓘ 집주인 大家

例 길 잃은 반려동물의 **주인**을 찾기는 아주 어려워요.

迷子の動物の飼い主を探すこ
とは大変難しいです。

382語

143

□□□ **383**

짐

荷物

名 다른 곳으로 옮기기 위해 싸 놓은 물건.

옮기다 移す

他の所に移すために、まとめておいた物。

ⓘ 짐을 싸다 荷造りする 짐을 풀다 荷を解く

例 여행을 갈 때는 꼭 필요한 **짐**만 챙기는 것이 좋아요.

旅行に行く時は、必ず必要な荷物だけをそろえるのがいいです。

□□□ **384**

차갑다

/ 차갑따 / 冷たい

形 만지거나 입에 넣었을 때 느낌이 차다.

만지다 触る

触ったり口に入れたとき、感覚が冷たい。

≒ 차다 冷たい 쌀쌀하다 (性格、風が)冷たい ⇔ 따뜻하다 温かい

ⓘ [ㅂ変] 차가운/차가워요/차가우세요

例 **차가운** 음식을 먹고 배탈이 났어요.

冷たい食べ物を食べてお腹を壊しました。

□□□ **385**

첫날

/ 천날 / 初日

名 시작하는 첫번째 날. 1일째.

始める1番目(最初)の日。1日目。

ⓘ 첫째 날 初日 둘째 날 2日目 셋째 날 3日目

源 첫(初)+날(日)

例 내일이 출근 **첫날**인데 잠이 잘 안 오네요.

明日が出勤初日だけど、なかなか眠れませんね。

□□□ **386**

초보자

初心者

名 일을 시작한 지 얼마 안 돼서 아직 익숙하지 않은 사람.

仕事を始めたばかりで、まだ慣れていない人。

漢 初歩者

ⓘ 運転初心者は초보운전(初歩運転)の文言を車に貼ることもある。

源 초보(初歩)+자(者)

例 **초보자**니까 실수할 수 있는 거죠.

初心者だから失敗しうるでしょう。

144

□□□ 387

축제 / 축제 / 祭り、フェスティバル

名 기념, 축하 또는 선전을 위해서 사람들이 많이 모여 하는 행사.

記念、祝い、または宣伝のために、人がたくさん集まって行うイベント。

선전 宣伝

≒ 페스티벌 フェスティバル

漢 祝祭

例 벚꽃 **축제**에 처음 가 봤는데 정말 좋았어요.

桜祭りに初めて行きましたが、とてもよかったです。

□□□ 388

큰길 大通り

名 사람과 자동차가 많이 다니는 크고 넓은 도로.

人と車が多く通る大きくて広い道。

≒ 대로 大路

源 크다(大きい)+길(道)

例 이 길을 따라 가면 **큰길**이 나올 거예요.

この道をずっと行けば、大通りに出ます。

□□□ 389

통일하다 / 통일하다, 통이라다 / 統一する

動 합쳐서 하나가 되게 하다, 또는 서로 다른 것들을 같게 하다.

合わせて一つにまとめる。また、互いに異なるものをそろえる。

합치다 合わせる

⇔ 분열하다 分裂する

動 통일되다 統一される

例 글자 크기를 **통일하는** 것이 보기 편할 것 같습니다.

文字のサイズを統一した方が見やすいと思います。

389語

□□□ **390**

피로

疲労

名 일, 운동 등을 무리하게 해서 몸이나 마음이 제기능을 못하는 상태.

仕事や運動などを無理して、心身が本来の機能を果たせない状態。

제기능 本来の機能

ⓘ 피로가 쌓이다 疲労がたまる　피로를 느끼다 疲労を感じる

例 잠을 푹 잤더니 **피로**가 많이 풀렸어요.

ぐっすり寝たら疲労がよく取れました。

□□□ **391**

한옥

/ 하녹 / 韓屋［ハノク］

名 한국의 전통 집.

韓国の伝統の家屋。

전통 伝統

⇔ 양옥【洋屋】洋館

漢 韓屋

例 다음 서울 여행 때는 전통 **한옥**에서 묵어 보고 싶어요.

今度のソウル旅行の時は、伝統韓屋に泊まってみたいです。

□□□ **392**

한복

韓服［ハンボク］

名 한국의 민족 의상.

韓国の民族衣装。

의상 衣装

⇔ 양복 洋服、スーツ

漢 韓服

ⓘ 생활한복 (生活韓服) は現代生活に合わせ、動きやすく改良したもの。

例 할아버지 생신에 **한복**을 입고 가족 사진을 찍었어요.

祖父の誕生日に韓服を着て、家族写真を撮りました。

□□□ **393**

착하다

/ 차카다 / 善良だ

形 솔직하고 순수하며, 친절하고 남을 생각할 줄 알다.

素直で、純粋で、親切で思いやりがある。

≒ 선하다【善-】　⇔ 못되다 (性格が)悪い

例 산타할아버지는 **착한** 어린이에게 선물을 주신대요.

サンタさんはよい子にプレゼントをあげますって。

□□□ **394**

합격하다

/ 합껴카다 / 合格する

動 시험을 보고 붙다.

試験を受けて通る。

붙다 受かる、通る

≒ 통과하다 通過する　패스하다 パスする

⇔ 떨어지다 落ちる

ⓘ 불합격하다 不合格になる

名 합격 合格

例 정말 열심히 공부했으니까 **합격할** 수 있을 거예요.

本当に一生懸命に勉強したから合格できるでしょう。

□□□ **395**

자기

自分

名 3인칭 대명사로 그 사람 자신을 가리키는 말.

三人称代名詞でその人自身を指す言葉。

인칭 대명사 人称代名詞

≒ 자신 自身　⇔ 남 他人

漢 自己

ⓘ 一人称の自分は나/저。
例：내 일은 내가 해요. (自分のことは自分でやります。)

例 아들은 집에 들어오자마자 **자기** 방으로 들어갔다.

息子は家に帰るやいなや自分の部屋に入った。

□□□ **396**

추위

寒さ

名 주로 겨울의 기온이 낮은 상태.

主に冬の気温が低い状態。

⇔ 더위 暑さ

ⓘ 「寒がりです」는추위를 타요。

形 춥다 寒い

例 이달 말부터 본격적인 **추위**가 시작되겠습니다.

今月末から本格な寒さが始まるでしょう。

□□□ **397**

행복하다 / 행보카다 / 幸せだ

形 **특별히 불만이 없고, 운이 좋다고 느끼고 즐겁다.**

特に不満がなく、運がいいと感じ、楽しい。

≒ **기쁘다** うれしい ⇔ **슬프다** 悲しい **불행하다** 不幸だ

名 **행복** 幸福

例 두 사람은 오래오래 **행복하게** 살았답니다.

二人はいつまでも幸せに暮らしました。(めでたしめでたし)

□□□ **398**

이상하다 おかしい

形 **보통과 다르다. 혹은 달라서 의심스럽다.**

普通と違う。または、違うので怪しい。

의심스럽다 怪しい

漢 異常-

例 자동차에서 **이상한** 소리가 나요.

車から変な音がします。

□□□ **399**

일상생활 / 일쌍생활 / 日常生活

名 **아침에 일어나서 씻고 먹고 자는 등의 평소의 생활.**

朝起きて、(顔などを) 洗って、食べて、寝るなどの普段の生活。

源 **일상**(日常)+**생활**(生活)

例 스마트폰은 이제 **일상생활**에 없어서는 안 될 물건이 되어 버렸다.

スマートフォンは今や日常生活でなくてはならないものになってしまった。

□□□ 400

일찍

早く、早めに

副 정해진 시간보다 전에.

決まった時間より前に。

≒ 빨리 速く、早く　⇔ 늦게 遅く

例 약속 장소에 **일찍** 도착했더니 아무도 없었어요.

約束の場所に早く着いたら、誰もいませんでした。

400語

●接辞、冠形詞①

接辞（接頭辞・接尾辞）や冠形詞（日本語の連体詞に当たる）を知っておくと、単語を覚えるのが楽しくなります。ここでは代表的な接頭辞を紹介します。

固有語 接頭辞・ 冠形詞*	相当する 日本語	意味	例
한-	大	大きい	□ 한숨 ため息 □ 한걱정 大きな心配 □ 한글 大きな文字（ハングル）
	真	正確な 盛り	□ 한가운데 真ん中 □ 한여름 真夏 □ 한밤중 真夜中
헛-		根拠のない 無駄な	□ 헛소리 うわ言、たわ言 □ 헛걸음 無駄足 □ 헛소문 　根も葉もないうわさ、デマ □ 헛수고 無駄骨、徒労
덧-	重	重ねて	□ 덧니 八重歯 □ 덧문 雨戸、シャッター
맞-	相	向き合って似たような	□ 맞선 見合い □ 맞바람 向かい風 □ 맞먹다 匹敵する
시-		夫の	□ 시댁 夫の実家 □ 시아버지 夫の父 □ 시누이 夫の姉や妹

되-		反対に再び	□ 되돌아가다 引き返す □ 되돌아보다 振り向く □ 되살리다 よみがえらせる □ 되묻다 聞き返す、聞き直す
새-	真っ	とても濃くて、 鮮やかに	□ 새파랗다 真っ青だ □ 새빨갛다 真っ赤だ □ 새하얗다 真っ白だ
맨-	素	他のものがない	□ 맨손 素手 □ 맨발 素足 □ 맨몸 裸
잔-	小	小さくて細い ＊잘다: 小さいよりも小さい場合に使う形容詞 (「細い」は가늘다)	□ 잔돈 小銭 □ 잔소리 小言 □ 잔돌 小石 □ 잔주름 小じわ ＊冠形詞 (次ページ参照) もある 　잔 감자 小粒のじゃがいも 　잔 생선 小魚
새-＊	新	新しい ⇔헌 古い	□ 새신랑 新郎、花婿 □ 새것 新品 □ 새집 新居 □ 새해 新年
첫-＊	初	初めての	□ 첫눈 初雪 □ 첫인상 初印象 □ 첫사랑 初恋

・冠形詞とは？

새、첫など、体言（名詞、代名詞、数詞類）の前に付いて、その体言を修飾する言葉が冠形詞です。冠形詞と名詞の結合した句が頻繁に使われるようになって、一つの単語として定着した（合成語になった）ものもありますよ。

例 **새 가방** 新しいかばん **새 신발** 新しい靴
  새 직장 新しい職場 **새 기분** 新しい気分
  첫 만남 初めての出会い **첫 출근** 初出勤
  첫 직장 初めての就職 **첫 월급** 初任給

いろいろな名詞の前に使うことが可能で、合成語ではない場合は分かち書きをします。文字を読む際は、ぜひ注目してみてください。

스테이지 6

하늘이 무너져도 솟아날 구멍은 있다.
空が崩れても抜け出る穴はある。

☐☐☐ **401**

입원하다

/ 이붠하다, 이붜나다 / 入院する

動 병이 나거나 다쳐서 치료, 수술 등을 위해 병원에 들어가다.

病気になったりけがをして、治療や手術のために病院に入る。

⇔ 퇴원하다 退院する

例 오늘 **입원했다가** 내일 오후에는 퇴원하니까 걱정 마세요.

今日病院に入院して、明日の午後には退院するので、心配しないでください。

☐☐☐ **402**

취직하다

/ 취지카다 / 就職する

動 직장에 들어가서 보수를 받으면서 일을 하게 되다.

職場に入って、報酬をもらいながら勤めることになる。

보수 報酬

≒ 취업하다 就業する ⇔ 실직하다 失業する

例 그는 식당에 종업원으로 **취직했어요**.

彼は食堂の従業員として就職しました。

☐☐☐ **403**

조심하다

/ 조심하다, 조시마다 / 気を付ける

動 남에게 폐를 끼치거나 위험한 일이 없게 말이나 행동에 마음을 쓰다.

他人に迷惑をかけたり、危険なことがないように、言葉や行動に気を使う。

폐를 끼치다 迷惑をかける

≒ 주의하다 注意する

漢 操心-

ⓘ 말조심하다 言葉を慎む 몸조심하다 体に気を付ける

副 조심조심 とても気をつけて(強調)

例 넘어지지 않으려고 얼음 위를 **조심해서** 걸었어요.

転ばないように氷の上を気を付けて歩きました。

□□□ 404

꼼꼼하다 / 꼼꼼하다, 꼼꼬마다 / 几帳面だ

形 작은 일에도 신경을 쓰고 빈틈이 없다.

小さなことにも気を使って
抜け目ない。

빈틈이 없다 抜け目がない

副 꼼꼼히 几帳面に

例 어머니는 **꼼꼼한** 성격이라서 정리를 잘하세요.

お母さんは几帳面な性格なの
で整理が上手です。

□□□ 405

극장 / 극짱 / 劇場、映画館

名 영화나 연극 등을 볼 수 있는 전문 시설을
갖춘 장소.

映画や演劇などが見れる専
門施設を備えた場所。

전문 専門　갖추다 備える

≒ 영화관 映画館

ⓘ 공연장 公演会場　콘서트장 コンサート会場

例 이번 콘서트는 **극장**에서 라이브뷰잉으로도 볼 수 있대요.

今回のコンサートは劇場でライ
ブビューイングでも観られるそ
うです。

□□□ 406

끄다 消す

動 타는 불을 없어지게 하거나 전기제품의
전원을 끊다.

燃える火をなくならせたり、
電気製品の電源を切る。

전원을 끊다 電源を切る

⇔ 켜다 つける

ⓘ [으変] 끄는 / 꺼요 / 끄세요
텔레비전을 끄다 テレビを消す
불을 끄다 火（電気）を消す

動 꺼지다 消える

例 방에서 나갈 때는 꼭 불을 **꺼** 주세요.

部屋から出る時は必ず電気を
消してください。

□□□ **407**

듣다 / 듣따 / 聞く

動 ① 귀로 소리나 말을 느끼고 알다.

耳で音や言葉を感じて分かる。

ⓘ ㄷ変 듣는/들어요/들으세요
「尋ねる」は묻다、「傾聴する」は경청하다。

動 들리다 聞こえる

例 요즘 라디오 한국어 강좌를 **듣고** 있는데, 공부가 돼요.

最近ラジオ韓国語講座を聞いているのですが、勉強になります。

効く

動 ② 약이나 조치가 효과가 있다.

薬や措置が効果がある。

조치 措置　**효과** 効果

ⓘ ㄷ変 듣는/들어요/들으면 (効いたら)
「薬の効能」약효【薬効】。

例 감기에 잘 **듣는** 약을 주세요.

風邪によく効く薬をください。

□□□ **408**

돌아가다 / 도라가다 / 戻る、帰る

動 원래 있던 곳으로 다시 가다.

元の場所に再び行く。

원래 元

⇔ 돌아오다 帰ってくる

例 일 년 간의 유학을 마치고 다음 주에 일본으로 **돌아갈** 예정이에요.

1年間の留学を終えて来週、日本に帰る予定です。

□□□ **409**

들어가다 / 드러가다 / 入っていく

動 밖에서 안으로 이동하다.

外から中へ移動する。

⇔ 나오다 出てくる

例 회사에 **들어가기** 전에 커피를 샀어요.

会社に入る前にコーヒーを買いました。

□□□ 410

낭비

浪費、無駄遣い

名 **돈이나 시간 등을 아끼지 않고 함부로 쓰는 것.**

お金や時間などを大事にせず、無駄に使うこと。

아끼다 惜しむ 함부로 無駄に

≒ 과소비【過消費】過剰消費 ⇔ 절약 節約

ⓘ 낭비벽 浪費癖 예산낭비 予算浪費 자원낭비 資源浪費

動 낭비하다 浪費する

例 시간을 **낭비**하기에는 인생이 너무 짧다.

時間を浪費するには人生があまりにも短い。

□□□ 411

들다

持つ、持ち上げる

動 ① **물건을 손으로 잡아서 위로 올리다.**

物を手で取って上にあげる。

⇔ 놓다 置く

ⓘ [ㄹ変] 드는/들어요/드세요 尊敬語는드시다 (召し上がる)。
손에 들다 手に持つ

例 짐이 많아서 혼자서는 다 **들** 수 없어요.

荷物が多いので一人では全部持てません。

かかる

動 ② **어떤 일을 하기 위해서 돈이 쓰이다.**

あることをするためにお金が使われる。

ⓘ 돈이 들다 お金がかかる 비용이 들다 費用がかかる
「時間がかかる」は時間이 걸리다なので注意。

例 집을 지으려면 큰 돈이 **들어요**.

家を建てるには大金がかかります。

□□□ 412

따뜻하다

/ 따뜨타다 / 温かい、暖かい

形 **아주 덥지 않고 온도가 알맞게 높다.**

暑すぎず、程よい温度である。

⇔ 차다 冷たい 쌀쌀하다 肌寒い

ⓘ 뜨겁다 熱い 따뜻하다 温かい 미지근하다 ぬるい
시원하다 涼しい 차갑다 冷たい

例 추우니까 **따뜻한** 음식이 먹고 싶네요.

寒いので温かい食べ物が食べたいですね。

□□□ **413**

따르다

注ぐ

動 용기에 들어있는 액체를 밖으로 흘리다.

容器に入っている液体を外に流す。

ⓘ [으変] 따르는/따라요/따르세요　술을 따르다 お酒を注ぐ
따라서 마시다 注いで飲む

例 주전자의 물을 컵에 **따라서** 마셨어요.

やかんの水をカップに注いで飲みました。

□□□ **414**

명절

祝祭日、節句

名 전통적으로 매년 기념해서 즐기는 날.

伝統的に毎年記念して楽しむ日。

전통적 伝統的

漢 名節

ⓘ 설/설날 旧正月（陰暦の1月1日）
추석【秋夕】チュソク／旧暦の盆休み（陰暦の8月15日）
음력 陰暦　양력 陽暦

例 설날이나 추석 같은 큰 **명절**에는 고향을 찾는 사람이 많습니다.

旧正月やチュソクのような大きな節句には故郷を訪れる人が多いです。

□□□ **415**

땀

汗

名 주로 더울 때 피부에서 나오는 투명한 액체.

主に暑い時、皮膚から出る透明な液体。

투명하다 透明だ　액체 液体

ⓘ 땀이 나다 汗が出る　땀을 흘리다 汗を流す　땀띠 あせも
진땀 脂汗

例 너무 긴장해서 손에서 **땀**이 나요.

とても緊張して手から汗が出ます。

□□□ **416**

떠나다

去る、発つ

動 지금 있는 곳에서 다른 곳으로 출발하다.

今いる所から違う所に出発する。

≒ 떠나가다　⇔ 돌아오다 帰ってくる

ⓘ 여행을 떠나다 旅行に行く、旅に出る

例 유학을 간다고 들었는데, 언제 **떠나요?**

留学すると聞いたのですが、いつ発ちますか。

158

□□□ 417

떨어지다
/ 떠러지다 / 落ちる

> 動 **위에서 아래로 빠르게 움직이다.**
>
> 上から下へ速く動く。

⇔ 오르다 上がる

ⓘ 성적이 떨어지다 成績が落ちる

例 테이블 위의 유리병이 **떨어져서** 깨졌어요.

テーブルの上のガラス瓶が落ちて割れました。

□□□ 418

똑같다
/ 똑깐따 / 同じだ

> 形 **다른 곳이 전혀 없다.**
>
> お互い違うところがまったくない。

≒ 유사하다 類似する ⇔ 다르다 違う

ⓘ 같다 同じだ 비슷하다 似ている 닮다 似ている

副 똑같이 同じく

例 나와 이름도 나이도 **똑같은** 친구가 있어요.

私と名前も歳も同じ友達がいます。

419語

□□□ 419

뜨겁다
/ 뜨겁따 / 熱い

> 形 **온도가 매우 높다.**
>
> 温度が非常に高い。

ⓘ [ㅂ変] 뜨거운 / 뜨거워요 / 뜨거우세요

例 찌개가 **뜨거우니까** 조심하세요.

チゲが熱いので気を付けてください。

□□□ **420**

뜨다

(目を) 開ける

動 ① **감았던 눈꺼풀을 들다.**

閉じていたまぶたを上げる。

눈꺼풀 まぶた

⇔ 눈을 감다 目を閉じる

ⓘ [으変] 뜨는/떠요/뜨세요

例 아침에 눈을 **뜨니까** 선물이 눈앞에 있었어요.

朝、目を開けたらプレゼントが目の前にありました。

浮かぶ

動 ② **물 위나 공중으로 오르다.**

水面や空中へ上がる。

공중 空中

⇔ 가라앉다 沈む

ⓘ [으変] 뜨는/떠요/뜨면 (浮かんだら)

例 하늘에 **떠** 있는 구름의 모양이 재미있네요.

空に浮かんでいる雲の形が面白いですね。

□□□ **421**

뜻

/ 뜯 / 意味

名 **어떤 것이 나타내는 내용이나 의미.**

あるものが表している内容と意味。

나타내다 表す

≒ 의미

ⓘ 뜻대로 思いのまま   뜻밖에 意外に   뜻깊다 意味深い

動 뜻하다 意味する

例 이게 무슨 **뜻**인지 모르겠어요.

これはどういう意味なのか分かりません。

□□□ **422**

목욕하다

/ 모교카다 / 風呂に入る、入浴する

動 **몸의 더러움을 물로 깨끗하게 씻다.**

体の汚れを水できれいに洗う。

≒ 몸을 씻다 体を洗う

ⓘ 대중목욕탕【大衆沐浴湯】銭湯   찜질방 チムジルバン (韓国式サウナ)

例 운동을 한 후에 **목욕하려고** 해요.

運動をした後にお風呂に入ろうと思います。

□□□ **423**

가득하다

/ 가드카다 / いっぱいだ

🔘 **어떤 장소나 그릇 등이 무언가로 꽉 차다.**

ある場所や入れ物などが何かでぎっしり埋まる。

꽉 ぎっしり

≒ 차다 満ちる ⇔ 비다 空く

ⓘ 꽉 차다 ぎっしり埋まる

例 냉장고 안은 먹을 것으로 **가득해요**.

冷蔵庫の中は食べ物でいっぱいです。

□□□ **424**

금

金、ゴールド

🔘 **빛이 나는 노란색의 귀금속.**

光る黄色い貴金属。

빛(이) 나다 光る 귀금속 貴金属

≒ 황금 黄金

漢 金

ⓘ 금메달 金メダル 금니 金歯 금광 金鉱 금은동 金銀銅
금은방【金銀房】宝石屋

例 남편은 아내의 생일에 **금**목걸이와 **금**반지를 선물할
계획입니다.

夫は妻の誕生日に金のネックレスと金の指輪をプレゼントする計画です。

□□□ **425**

그치다

やむ、止まる

🔘 **계속되던 것이 멈추다.**

続いていたことが止まる。

멈추다 止まる

⇔ 계속하다 続ける

ⓘ 울음을 그치다 泣きやむ 비가 그치다 雨がやむ

例 비가 **그치면** 바로 출발할 거예요.

雨がやんだらすぐ出発するつもりです。

□□□ **426**

반납

返却

名 빌린 책이나 물건을 돌려주는 것.

借りた本や物を返すこと。

漢 返納

ⓘ 반납일 返却日

動 반납하다 返却する

例 책 **반납**은 언제까지 해야 되나요?

本の返却はいつまでしなければなりません か。

□□□ **427**

버릇

/ 버른 / 癖、習慣

名 여러번 반복하여 저절로 몸에 익숙해진 행동.

何回も繰り返して、自然に 体が覚えた行動。

반복하다 繰り返す   익숙하다 慣れる

≒ 습관 習慣

ⓘ 말버릇/입버릇 口癖   술버릇 酒癖   잠버릇 寝相
「行儀が悪い」은 버릇없다.

例 어릴 때부터 좋은 **버릇**을 잘 가르쳐야 돼요.

幼い時からよい習慣をきちん と教えなければなりません。

□□□ **428**

생기다

できる、生じる

動 ① 지금까지 없던 것이 있게 되다.

今までなかったことがある ようになる。

ⓘ 일이 생기다 仕事や用事が生じる
문제가 생기다 問題が起きる   지장이 생기다 支障ができる

例 회사에 문제가 **생겨서** 사무실에 들어가야 해요.

会社で問題が生じたので、オ フィスに戻らないといけません。

② 사물이나 사람의 모습이 어떤 모양으로 되다.

物や人の姿がある様子にな る。

ⓘ 잘생겼다 格好いい   못생겼다 不細工だ、格好よくない   ※過去形
で表すので注意。

例 다쳐서 얼굴에 흉터가 **생겼어요**.

けがをして顔に傷跡ができま した。

□□□ 429

방송

放送

图 **텔레비전이나 라디오 등으로 사람들이 보고 들을 수 있게 내보내는 것.**

テレビやラジオなどで、人々が見たり聞いたりできるように流すこと。

내보내다 流す

ⓘ 안내 방송 案内放送   방송국 放送局   방송사 放送社

動 방송하다 放送する

例 이 음악 **방송**은 2시간을 예정하고 있다.

この音楽番組は2時間を予定している。

□□□ 430

병문안

/ 병무난 / 病気見舞い

图 **아픈 사람에게 직접 가서 만나고 위로하는 일.**

病人を直接訪ねて慰めること。

漢 病問安

源 병(病気)＋문안(あいさつ)

例 어제 할머니 **병문안**은 잘 다녀왔니?

昨日、おばあさんのお見舞いは無事に行ってきたの?

□□□ 431

부럽다

/ 부럽따 / うらやましい

形 **무엇을 가지고 싶어 하거나 어떤 사람을 보고 그렇게 되고 싶어하는 마음.**

何かを欲しがったり、誰かを見てそうなりたがる気持ち。

ⓘ ㅂ変 부러운 / 부러워요 / 부러우세요

動 부러워하다 うらやむ

例 저는 친구의 예술적 재능이 **부러워요**.

私は友達の芸術的才能がうらやましいです。

431語

163

□□□ **432**

비닐봉지

ビニール袋

🔲 名 비닐로 만들어진 봉투.

ビニールで作られた袋。

≒ 비닐봉투

ⓘ 紙袋は쇼핑백と言う。

源 비닐(ビニール)+봉지(袋)

例 엄마는 시장에서 장을 볼 때 **비닐봉지** 대신 에코백을
사용하세요.

お母さんは市場で買い物をする時、ビニール袋の代わりにエコバックを使用します。

□□□ **433**

보호

保護

🔲 名 위험하지 않도록 잘 지키고 보살피는 것.

危険がないように、よく守って世話をすること。

보살피다 面倒を見る

ⓘ 보호자 保護者

動 보호하다 保護する 보호받다 保護される

例 나는 동물 **보호**를 위해 가죽으로 만든 옷은 사지 않기로 했다.

私は動物保護のために皮で作った服は買わないことにした。

□□□ **434**

생활비

生活費

🔲 名 일상생활을 하는 데에 드는 비용.

日常生活をするのにかかる費用。

일상생활 日常生活 비용 費用

源 생활(生活)+비(費)

例 **생활비**가 많이 들어서 걱정이에요

生活費がたくさんかかって心配です。

□□□ **435**

성형 수술

美容整形手術

🔲 名 얼굴이나 몸 등의 외모를 교정하거나 고치는
수술.

顔や体などの外見を矯正したり治す手術。

교정하다 矯正する

ⓘ 성형외과【成形外科】美容外科、形成外科 정형외과 整形外科

例 **성형 수술**의 장점에 대해 이야기해 주세요.

美容整形手術の長所について話してください。

□□□ 436

소중하다

大切だ、大事だ

形 **가지고 있는 가치가 매우 귀중하다.**

持っている価値がとても貴重である。

가치 価値　귀중하다 貴重だ

≒ **값지다** めぼしい、貴重だ

漢 所重-

例 누구에게나 목숨은 하나밖에 없기 때문에 **소중해요**.

誰にでも命は一つしかないので大切です。

□□□ 437

속다

/속따/ だまされる

動 **거짓이나 속임수에 넘어가거나 잘못 알다.**

うそや偽りにだまされたり間違える。

속임수 偽り、ごまかし　넘어가다 だまされる

動 **속이다** だます

例 사기꾼에게 **속아**서 전 재산을 잃어버렸다.

詐欺師にだまされて全財産をなくした。

439語

□□□ 438

상처

傷

名 **몸이나 마음을 다쳐서 상한 자리.**

体や心にけがをして痛む場所。

상하다 痛む

ⓘ「けがをする」は상처를 입다。
마음의 상처 心の傷　상처가 나다/상처를 받다 傷つく
상처를 주다 傷つける

例 아이가 넘어져서 무릎에 **상처**를 입었어요.

子どもが転んで膝にけがをしました。

□□□ 439

솜씨

腕前、腕

名 **어떤 일을 할 수 있는 능력이나 재주.**

あることができる能力や才能。

재주 才能

≒ **재주, 재능** 才能

ⓘ 말솜씨は「弁才、話術」のこと。

例 아내는 장모님을 닮아서 요리 **솜씨**가 좋은 편이에요.

家内は義理のお母さんに似て料理の腕前がいい方です。

□□□ **440**

수선

修繕、直し

名 고장나거나 낡은 물건을 다시 쓸 수 있게 고침.

壊れたり古くなった物をま た、使えるように直すこと。

낡다 古い

動 수선하다 (服などを)直す、修繕する　수선집 (洋服の)直し屋

例 안 입는 옷은 **수선**을 해서 입어요.

着ない服はお直しをして着ます。

□□□ **441**

수리

修理

名 건물이나 물건의 고장난 곳을 고침.

建物や物の故障したところ を直すこと。

動 수리하다 修理する

例 컴퓨터가 바이러스에 감염이 되어서 **수리**를 할 거예요.

コンピューターがウイルスに感 染したので修理をします。

□□□ **442**

승객

乗客

名 차,기차,배,비행기 등에 타는 손님.

車・列車・船・飛行機など に乗る客。

≒ 손님 お客さん　⇔ 승무원 乗務員

ⓘ 탑승객 搭乗客

例 평일이라서 그런지 **승객**은 생각보다 많지 않네요.

平日だからなのか、乗客は思っ たより少ないですね。

□□□ **443**

스스로

自ら、自分で

名 副 자기 자신. 남의 도움 없이 자신의 힘으로.

自分自身。他人の助けなし に自分の力で。

≒ 자기가 自分が

例 아르바이트를 해서 **스스로** 여행 경비를 벌었어요.

バイトをして自分で旅費を稼 ぎました。

166

□□□ 444

식욕 / 시곡 / 食欲

名 음식을 먹고 싶은 욕구.

食べ物を食べたい欲望。

욕구 欲求

≒ 밥맛 食欲

ⓘ 식욕이 있다/없다 食欲がある／ない
식욕이 왕성하다 食欲旺盛だ 식욕이 떨어지다 食欲がなくなる
밥맛없다는 「憎たらしい、相手にしたくない」の意味もある。

例 밤에 잠을 못 자서 오늘 아침은 **식욕**이 없네.

夜寝れなかったので、今朝は食欲がないね。

□□□ 445

신입생 / 시닙쌩 / 新入生

名 학교에 1학년으로 새로 들어온 학생.

学校に1年生として、新しく入った学生。

ⓘ 신입사원 新入社員 신입회원 新入会員

例 선생님께서 **신입생**에게 꼭 봐야 하는 책을 추천해 주셨어요.

先生が、新入生に必ず見なければいけない本を推薦してくださいました。

446語

□□□ 446

싸움

けんか

名 상대방에게 이기려고 말이나 힘 등으로 싸우는 일.

言葉や力などで勝とうと言葉や力で戦うこと。

≒ 다툼 争い

ⓘ 말싸움 言い争い
싸움이 벌어지다/싸움이 붙다/싸움이 나다 けんかが起きる

動 싸우다 けんかする、争う

例 어릴 때는 여동생과 가끔 **싸움**을 했어요.

幼い時は、妹とたまにけんかをしました。

□□□ **447**

요새

この頃

🔲 얼마 전부터 지금까지의 가까운 동안.

少し前から今までの近い間。

≒ 요즘(요즈음) この頃　최근 最近

ⓘ 요사이の縮約形。

例 **요새**는 결혼을 늦게 하거나 안 하는 사람이 많아진 것 같아요.

この頃は結婚を遅くするか、しない人が多くなったようです。

□□□ **448**

퇴근하다

/ 퇴근하다, 퇴그나다, 퉤그나다 /

退勤する

🔲 하루의 일을 끝내고 직장에서 나오다.

一日の仕事を終えて、勤め先から出る。

⇔ 출근하다 出勤する

漢 退勤-

ⓘ 출퇴근 出退勤　퇴사 退社　※퇴직「退職」の意味

名 퇴근 退勤

例 남편은 **퇴근하고** 집에 돌아와서도 회사 일을 했어요.

夫は退勤して家に帰っても、会社の仕事をしました。

□□□ **449**

의사소통

コミュニケーション

🔲 서로의 생각이나 말 등을 주고받는 것.

お互いの考えや言葉などを交換し合うこと。

漢 意思疏通

動 의사소통하다 コミュニケーションする

例 나는 한국어를 잘 몰랐기 때문에 **의사소통**이 어려웠어요.

私は韓国語がよく分からなかったため、コミュニケーションを取ることが難しかったです。

□□□ **450**

일반

一般

🔲 그냥 보통의 평범한 사람들이나 그런 수준.

ただ普通の平凡な人々やそのような水準。

평범하다 平凡だ　수준 水準、レベル

≒ 일반인 一般人

名 冠形 일반적 一般的

例 이 박물관은 휴일에만 **일반** 시민에게 공개됩니다.

この博物館は休日だけ一般の市民に公開されます。

□□□ 451

정확하다 / 정화카다 / 正確だ

形 조금도 틀리지 않고 확실하다.

少しも間違いなく確かだ。

확실하다 確実だ

≒ 분명하다 明らかだ　확실하다 確実だ　⇔ 부정확하다 不確実だ

名 정확 正確

例 그는 언제나 **정확하고** 빠르게 일을 처리해요.

彼はいつも正確かつ素早く仕事を処理します。

□□□ 452

죽 粥

名 물을 많이 넣고, 쌀 등을 부드럽게 끓인 음식.

水をたくさん入れて、米などを軟らかく煮た食べ物。

ⓘ 죽을 쑤다는 「事がめちゃめちゃになる (실패하다)」、
죽 끓듯 하다는 「とても気まぐれだ (변덕이 매우 심하다)」の意味。

454語

例 제가 아프면 어머니께서는 항상 **죽**을 끓여 주셨어요.

私が病気の時、お母さんはいつもお粥を作ってくれました。

□□□ 453

직장 / 직짱 / 職場

名 회사나 공장 같은 곳인데, 보수를 받으며 일하는 장소.

会社や工場のようなところで、報酬をもらって働く場。

보수 報酬

≒ 일자리 職場　일터 仕事場

ⓘ 「転職する」は직장을 옮기다。

例 일이 너무 힘들어서 **직장**을 옮길 생각이에요.

仕事がとても大変なので転職する考えです。

□□□ 454

직장인 / 직짱인 / サラリーマン、会社員

名 일을 하러 회사 등의 일터에 다니는 사람.

仕事のため会社などの仕事場に通う人。

≒ 회사원 会社員　월급쟁이 サラリーマン

源 직장(職場)＋인(人)

例 이건 **직장인**들 사이에서 아주 인기가 있는 동영상이에요.

これは会社員たちの間でとても人気がある動画です。

□□□ **455**
해돋이

/ 해도지 / 日の出

名 **아침에 동쪽에서 해가 뜨는 것.**

朝、東から太陽（日）が昇る現象。

≒ 일출 日の出　⇔ 일몰 日没

ⓘ 해가 뜨다 日が昇る　해가 지다 日が暮れる
해님 おひさま　태양 太陽

源 해(日)＋돋이 (돋다 生えるの名詞形)

例 우리는 산에 올라가서 새해 첫 **해돋이**를 볼 거예요.

私たちは山に登って初日の出を見るつもりです。

□□□ **456**
확인하다

/ 화긴하다, 화기나다 / 確認する

動 **정말 맞는지, 틀린 것은 없는지 꼼꼼하게 살펴보다.**

本当に正しいか、間違いはないか、細かく調べる。

꼼꼼하다 几帳面だ　살펴보다 調べる

≒ 조회하다 照会する

名 확인 確認

例 메일과 문자들을 **확인하고** 나서 하루를 시작합니다.

メールとメッセージを確認してから1日を始めます。

□□□ **457**
회장

会長

名 **회사나 모임을 대표하고 모임의 일을 전체적으로 관리하는 사람.**

会社や会を代表して、仕事を全体的に管理する人。

대표하다 代表する　전체적 全体的　관리하다 管理する

例 개회사에 이어 **회장**님의 인사 말씀이 있겠습니다.

開会の辞に続いて、会長のあいさつの言葉があります。

□□□ **458**
행사장

イベント会場

名 **행사, 이벤트가 열리는 곳.**

行事、イベントが行われる所。

ⓘ 「会場」は행사장【行事場】、회의장【会議場】をよく使う。

例 이번 **행사장**은 넓고 깨끗해서 아주 마음에 들어요.

今回の会場は広くてきれいなので、とても気に入っています。

☐☐☐ **459**

피부과
/ 피부꽈 / 皮膚科

名 **피부에 문제가 생겨서 가는 병원.**

皮膚に問題ができて行く病院。

ⓘ 내과 内科　성형외과 美容外科　치과 歯科
소아과 小児科（発音は /-꽈/）

源 피부(皮膚)＋과(科)

例 **피부과**에 다니면서 아주 예뻐졌어요.

皮膚科に通って、とてもきれいになりました。

☐☐☐ **460**

유행
流行

名 **인기가 많아져서 점점 세상에 퍼져 가는 것.**

人気が増し、ますます世間に広がること。

많아지다 増える

≒ 대세【大勢】大局　붐 ブーム

動 유행하다 流行する

動 유행되다 流行る

例 유나 씨는 **유행**이 지난 옷도 멋지게 입을 줄 알아요.

ユナさんは流行が過ぎた服も格好よく着こなします。

461語

☐☐☐ **461**

자꾸
しきりに

副 **그렇게 하고 싶지 않은데, 몇 번이나 반복해서.**

そうしたくないけど、何回も繰り返して。

반복하다 繰り返す

≒ 자꾸만, 자꾸자꾸 (強調)

ⓘ 「頻繁に」は자주と자꾸があるが、자꾸は仕方なくそうなる場合に使う。

例 잊으려고 해도 **자꾸** 생각이 나요.

忘れようとしても、しきりに思い出します。

□□□ **462**

자연스럽다 / 자연스럽따 / 自然だ

形 억지로 꾸미지 않아 이상하지 않고 원래 그랬던 것 같다.

わざと飾っていないので、変ではなく、元々そうだったようだ。

억지로 わざと　꾸미다 飾る

ⓘ **ㅂ变** 자연스러운/자연스러워요/자연스러우세요

源 자연(自然)+스럽다(~らしい)

例 그 사람이랑은 같은 동네에 사니까 **자연스럽게** 친해졌어요.

彼とは同じ町に住んでいるので、自然と仲よくなりました。

□□□ **463**

졸다 居眠りする

動 앉거나 기댄 채 자다가 깨다가 하다.

座ったりもたれかかったまま寝たり起きたりする。

기대다 寄りかかる

ⓘ **ㄹ变** 조는/졸아요/조세요

形 졸리다 眠い

名 졸음 眠気

例 너무 지루해서 **졸고** 말았어요.

とてもつまらなくて、居眠りしてしまいました。

□□□ **464**

줄다 減る

動 많았던 것이 적어지고, 컸던 것이 작아지다.

多かったのが少なくなって、大きかったのが小さくなる。

≒ 줄어들다 減る　감소하다 減少する　⇔ 늘다 増える

ⓘ **ㄹ变** 주는/줄어요/주세요

動 줄이다 減らす

例 환율 때문에 수입이 많이 **줄었다고** 합니다.

為替レートのために輸入がかなり減ったといいます。

□□□ **465**

늘다

增える、伸びる

動 전에 비해 커지거나 많아지다.

以前と比べて大きくなったり多くなる。

≒ 늘어나다 増える 증가하다 増加する ⇔ 줄다 減る

ⓘ (ㄹ変) 느는/늘어요/느세요

動 늘리다 増やす

例 소리 내어 읽는 연습을 했더니 듣기 실력이 매우 많이 **늘었어요.**

声を出して読む練習をしたら、聞き取りの実力が非常に伸びました。

□□□ **466**

지켜보다

見守る

動 한참 동안 어떻게 되어 가는지 주의를 기울여 보다.

しばらくどのようになっていくのかを注意を払って見る。

한참 동안 しばらくの間 주의를 기울이다 注意を払う

≒ 살펴보다 見回す 보살피다 世話する

源 지키다(守る)+보다(見る)

例 선생님은 아이들을 조용히 **지켜보기로** 했습니다.

先生は子どもたちを静かに見守ることにしました。

467語

□□□ **467**

집다

/집따/ つまむ

動 손가락이나 젓가락, 집게 등으로 물건을 잡아서 들다.

指や箸、トングなどでものを取って上げる。

집게 トング

例 손가락으로 **집어** 먹는 건 좋은 행동이 아니에요.

指でつまんで食べるのはよい行動ではありません。

□□□ **468**

특별하다

/ 특뼐하다, 특뼈라다 / 特別だ

形 같이 있는 것들 중에서 눈에 띄게 다르거나 매우 훌륭하다.

一緒にあるものの中で目立って違ったり、非常に優れている。

눈에 띄다 目立つ

≒ 유별나다 変わっている 특이하다 特異だ

副 특별히 特別に

例 부모님의 결혼기념일에 두 분께 **특별한** 선물을 드리고 싶어요.

両親の結婚記念日に、二人へ特別なプレゼントをあげたいです。

□□□ **469**

틀림없다

/ 틀리멉따 / 間違いない

形 의심할 필요 없이 확실히 맞다.

疑う必要なく、確かに正しい。

의심하다 疑う

≒ 분명하다 明らかだ 확실하다 確実だ

源 틀림(틀리다의 名詞形틀림)＋없다(ない)

副 틀림없이 間違いなく

例 **틀림없다고** 생각했지만 제 착각이었어요.

間違いないと思ったけれど、私の勘違いでした。

□□□ **470**

포함하다

/ 포함하다, 포하마다 / 含む

動 합계에 함께 넣다. 전체 안에 한 부분으로 넣다.

合計に一緒に入れる。全体の中に一部分として入れる。

≒ 넣다 入れる

漢 包含-

名 포함 包含、含むこと 부가세(VAT)포함 税込み
봉사료포함 サービス料込み

動 포함되다 含まれる

例 저를 **포함해서** 모두 여섯 명이에요.

私を含めて全部で6人です。

□□□ 471
피해
被害

名 목숨을 잃는 것, 다치는 것, 재산을 잃는 것 등과 같은 손해.

命を失う、けがする、財産を失うなどのような損害。

손해 損害

≒ 손해 損害　해 害　⇔ 가해 加害

ⓘ 「被害を受ける」는 피해를 당하다/입다/보다.
피해자 被害者

例 **피해**를 입은 지역에 도움의 손길이 필요합니다.

被害を受けた地域に救いの手が必要です。

□□□ 472
흐르다
流れる

形 물 같은 것이 한 방향으로 계속해서 지나가다.

水のようなものが一方向へ連なって通る。

ⓘ 르変 흐르는/흘러요/흐르세요

動 흘리다 流す

名 흐름 流れ

例 과일이나 채소는 **흐르는** 물에 씻어 먹는 게 좋아요.

果物や野菜は流水で洗って食べた方がいいです。

□□□ 473
일기예보
天気予報

名 앞으로의 날씨가 어떻게 변할지 예측해서 알리는 일.

これからの天気がどう変わるか予測して知らせること。

예측하다 予測する

漢 日気予報

例 매일 아침 **일기예보**를 보고 나서 집을 나서요.

毎朝、天気予報を見てから出かけます。

474
흐리다

曇っている

형 ① 하늘에 구름이 많아서 날씨가 좋지 않다.

空に雲が多いので、天気が
よくない。

⇔ 맑다 晴れている

ⓘ 天気予報の「曇り」は흐림。「曇りです」は흐려요。(×흐림이다)

名 흐림 曇り

例 날씨가 **흐려서** 그런지 조금 쌀쌀해요.

曇りだからなのか、少し肌寒い
です。

ぼんやりする、はっき
りしない

② 분명하지 않다. 선명하게 잘 보이지 않는
상태이다.

明らかではない。鮮明に見
えない状態である。

例 강물이 **흐려서** 물고기가 한 마리도 안 보여요.

川の水が濁っていて、魚が1匹
も見えません。

475
한숨

ため息

名 걱정이 있어서 또는 안심해서 자기도 모르게
크게 내쉬는 숨.

心配事があって、または安
心して思わず出る大きな息。

안심하다 安心する　자기도 모르게 思わず　내쉬다 吐き出す
ⓘ 한숨을 놓다で「安心する (안심하다)」の意味。
「ため息をつく」は한숨을 쉬다。

源 한(大きいを意味する接頭語)+숨(息)

例 **한숨**만 쉬지 말고 우선 밖으로 나갑시다.

ため息ばかりつかないで、一緒
に気晴らしに出かけましょう。

476
원인

/ 워닌 / 原因

名 어떤 일이 생긴 이유.

ある物事が起こった理由。

≒ 이유 理由　까닭 訳　⇔ 결과 結果

例 이번 사건의 **원인**이 뭐라고 생각하세요?

今度の事件の原因は何だと思
いますか。

□□□ 477

유창하다

流暢だ

형 **자신 있게 술술 말하다.**

自信を持って、すらすら話す。

≒ 막힘없다 差し支えない　거침없다 よどみない

예 그녀는 **유창한** 중국말로 이야기를 시작했어요.

彼女はそんなに流暢な中国語で話し始めました。

□□□ 478

후보

候補

명 **무엇을 선택할 때 뽑힐 자격이나 가능성이 있는 대상.**

何かを選択する時、選ばれる資格や可能性がある対象。

≒ 후보자 候補者

예 이 영화가 최우수 작품상 **후보**에 올랐대요.

この映画が最優秀作品賞の候補に上がったそうです。

480語

□□□ 479

긴장하다

緊張する

동 **실수하는 것이 걱정돼서 진땀이 나거나 떨리다.**

失敗するのが心配で脂汗が出たり震える。

진땀 脂汗　떨리다 震える

ⓘ 긴장을 풀다 緊張を解く　긴장하지 마세요 緊張しないでください
「緊張感」은 긴장감.

동 긴장되다 緊張する

예 면접 때 **긴장해서** 제대로 말을 못 했어요.

面接の時、緊張してきちんと話せませんでした。

□□□ 480

끓이다

/ 끄리다 / 沸かす、煮る

동 **물 등을 아주 뜨겁게 하거나, 찌개나 국 등의 요리를 만들다.**

水などをとても熱くしたり、チゲや汁物などの料理を作る。

ⓘ 汁物、チゲなど主に煮て作る料理に使う。
미역국을 끓이다 わかめスープを作る
라면을 끓이다 (インスタント) ラーメンを作る

동 끓다 沸く

예 순두부찌개를 맛있게 **끓이는** 법을 가르쳐 주세요.

スンドゥブチゲをおいしく作る方法を教えてください。

●接辞、冠形詞②

韓国語の接尾辞はとても多いですが、その中からよく使われるものを見てみましょう。

固有語の接尾辞	相当する日本語	意味	例
-들	達	複数であること	□ 친구들 友達 □ 아이들 子どもたち
-끼리	同士	性質や立場が共通する人たち	□ 우리끼리 私たちだけ □ 여자끼리 女同士
-째	目	順番、等級	□ 첫째 第一 □ 첫번째 1番目
-껏	限り、まで	それが届くまで、それまで	□ 마음껏 思う存分 □ 힘껏 カー杯に □ 지금껏 今まで
-질		[道具の名詞に付いて]簡単な仕事	□ 바느질 (바늘＋질) 針仕事 □ 다림질 (다리미＋질) アイロンがけ
		よくないこと	□ 도둑질 盗み
-개		[動詞に付いて]簡単な器具	□ 지우개 (지우다 消す) 消しゴム □ 베개 (베다 枕にする) 枕 □ 덮개 (덮다 覆う) 覆い
-네	達、所	[家族の呼び名や人の名前に付けて]家族全体やその人の家	□ 언니네가 집에 왔어요. 姉たちが家に来ました。 □ 지수네 (에) 서 밥을 먹었어요. ジスのお家でご飯を食べました。

-집	①ケース	刃物、はさみ、眼鏡などを入れるケース	□ 칼집 さや □ 가위집 はさみ入れ □ 안경집 眼鏡ケース
	②屋	それを売る店	□ 고깃집 焼肉屋 □ 꽃집 花屋 □ 빵집 パン屋
	③集	集めて作った本、音楽アルバムなどの発行順	□ 사진집 写真集 □ 시집 詩集 □ 단편집 短編集 □ 1집앨범 1集のアルバム
-쯤	ほど、ぐらい	正確ではなく、約・その程度の	□ 1시간쯤 1時間ぐらい □ 그쯤 そのあたり、そのぐらい □ 서울쯤 ソウルあたり □ 나이 40쯤 (年が)40才ぐらい
-쟁이		そのような特徴を持っている人、その事を主にする人	□ 멋쟁이 おしゃれな人 □ 욕심쟁이 欲張りな人 □ 수다쟁이 おしゃべりな人 □ 점쟁이 占い師

스테이지 7

오늘 걷지 않으면 내일은 뛰어야 한다.
今日歩かなければ明日走らなければならない。

481

나누다

分ける

🔟 하나를 둘 이상이 되게 하다.

一つを二つ以上になるようにする。

⇔ 합하다 合わせる

ⓘ 피를 나눈 형제 血を分けた兄弟
말을 나누다 話し合う　나눠주다 分け与える

名 나누기 割り算、分け合うこと

動 나뉘다 分かれる

例 빵을 반으로 **나눠서** 친구랑 같이 먹었어요.

パンを半分に分けて一緒に食べましょう。

482

넘어지다

/ 너머지다 / 転ぶ

🔟 중심을 잃고 한쪽으로 쓰러지다.

バランスを失って一方に倒れる。

한쪽 一方　쓰러지다 倒れる

⇔ 일어서다 立ち上がる

ⓘ 칠전팔기【七転八起】七転び八起き

例 **넘어져도** 다시 일어서면 되니까 실패를 두려워하지 마세요.

転んでもまた立ち上がればいいから失敗を恐れないでください。

483

누르다

押す

🔟 위에서 아래로 힘을 주다.

上から力を加える。

ⓘ 〔르変〕 누르는/눌러요/누르세요
「押す」누르다と밀다 : 누르다 主に上から押して「ある部分に圧力をかける」。
밀다 横から押して「物を動かす」。
例 : 초인종을 누르다 呼び鈴を押す　문을 밀다 ドアを押す

動 눌리다 押される

例 무슨 일이 있으면 이 버튼을 **눌러** 주세요.

何かあればこのボタンを押してください。

□□□ **484**

농담　　　　　　　　　　　　　　冗談

名 **사람을 웃기거나 놀리는 말.**　　　人を笑わせたり、からかう言葉。

⇔ 진담【真談】本当の話

ⓘ 농담도 잘 하시네요 冗談がうまいですね
농담하지 마세요 冗談言わないでください

動 농담하다 冗談を言う

例 그분과는 서로 **농담**을 할 정도로 친해졌어요.　あの方とはお互い冗談を言うくらい親しくなりました。

□□□ **485**

놀이터　　　　　　　　　/ 노리터 / 遊び場、公園

名 **놀이기구가 있는 작은 공원.**　　遊具がある小さな公園。

ⓘ 그네 ブランコ　시소 シーソー　미끄럼틀 滑り台

源 놀이(遊び)+터(場)

例 유치원에서 돌아온 아들은 곧바로 **놀이터**로 달려갔어요.　幼稚園から戻った息子はすぐに公園に走っていきました。

□□□ **486**

느리다　　　　　　　　　　　　　遅い

形 **움직이는 데 시간이 많이 걸리다.**　動くのに時間がたくさんかかる。

⇔ 빠르다 速い

ⓘ 느림보 怠け者、のろま　느린 동작(슬로모션) スローモーション

例 거북이는 토끼보다 **느리지만** 경주에서 이겼어요.　亀はウサギより遅いけど競走で勝ちました。

□□□ **487**

다름없다　　　　　　　　/ 다르멉따 / 同然だ、等しい

形 **다른 부분이 거의 없고 같다.**　違う部分がほとんどなく同じだ。

⇔ 같다 同じだ

副 다름없이 同じく(違いなく)

例 좋아하는 가수의 굿즈는 보물이나 **다름없어요**.　好きな歌手のグッズは宝物同然です。

487語

183

□□□ **488**

덕분 / 덕뿐 / おかげ

图 누군가의 호의나 친절 등의 은혜.

誰かの好意や親切などの恩恵。

호의 好意　은혜 恩恵、恵み

漢 徳分

ⓘ 〈名詞＋덕분에〉、〈連体形＋덕분에〉で「～のおかげで」の意味。

例 선생님 **덕분**에 합격할 수 있었어요.

先生のおかげで合格できました。

□□□ **489**

덮다 / 덥따 / 覆う

動 어떤 것이 보이지 않게 더 큰 것을 위에 놓다.

あるものが見えないように、もっと大きなものをその上に置く。

⇔ 열다 開ける

ⓘ 뚜껑을 덮다 ふたをする　이불을 덮다 布団を掛ける

图 덮개 覆い

例 자는 아이에게 이불을 **덮어** 주었어요.

寝ている子どもに布団を掛けてあげました。

□□□ **490**

데리다 連れる

動 누군가와 함께 있거나 동행하다.

誰かと一緒にいたり同行する。

동행하다 同行する

ⓘ 데리러 가다 迎えに行く　데리러 오다 迎えに来る
데리고 가다 連れて行く　데리고 오다 連れて来る
데려다 주다 連れて行ってあげる

例 유원지에는 아이를 **데리고** 온 가족들이 많습니다.

遊園地には子連れの家族が多いです。

MP3 491-492

□□□ 491

마중

出迎え

名 찾아오는 사람을 맞이하기 위해서 어떤 장소까지 가는 것.

訪ねてくる人を迎えるために、ある場所まで行くこと。

맞이하다 迎える

⇔ 배웅 見送り

ⓘ 마중 나가다/마중하러 가다 出迎えに行く

例 공항에는 **마중** 나온 사람들로 가득합니다.

空港は出迎えに来ている人でいっぱいです。

□□□ 492

떠들다

騒ぐ

動 시끄럽게 큰 소리로 말하다.

うるさく大声で話す。

⇔ 조용히 하다 静かにする

ⓘ ㄹ変 떠드는/떠들어요/떠드세요

例 여기서 그렇게 큰 소리로 **떠들면** 안 돼요.

ここでそんなに大声で騒いではいけません。

마르다

乾く、渇く

動 ① 물기가 증발해서 없어지다.

水気が蒸発してなくなる。

증발하다 蒸発する

≒ 건조하다 乾燥する　⇔ 젖다 濡れる

ⓘ [르変] 마르는/말라요/마르세요
목이 마르다 喉が渇く　마른 오징어 スルメイカ

動 말리다 乾かす

例 오늘은 날씨가 좋아서 빨래가 잘 **마를** 것 같아요.

今日は天気がいいので洗濯物がよく乾きそうです。

痩せる

動 ② 체중이 줄고 몸이 가늘어지다.

体重が減って体が細くなる。

체중 体重

≒ 살이 빠지다　⇔ 살이 찌다 太る

ⓘ [르変] 마르는/말라요/마르세요
「痩せている」は말랐다と過去形で言う。
날씬하다 スリムだ

例 오랜만에 만난 친구가 너무 **말라서** 깜짝 놀랐어요.

久しぶりに会った友達があまりにも痩せていて、びっくりしました。

막히다

/ 마키다 / ふさがる、詰まる

動 길이나 관 등이 통할 수 없게 되다.

道や管などが通じなくなる。

관 管

ⓘ 길이 막히다 道が混む　기가 막히다 (気が詰まる) 呆れる

動 막다 防ぐ

例 길이 **막혀서** 약속 시간에 늦을 뻔했어요.

道が混んでいて約束時間に遅れるところでした。

□□□ **495**

만지다

触る

動 손을 대고 그 손을 움직이다.

手を付けて、その手を動かす。動かす。

손을 대다 手を付ける

(i) 만지지 마세요 触らないでください

例 강아지를 한번 **만져** 봐도 돼요?

子犬を一度触ってみてもいいですか。

□□□ **496**

매다

結ぶ

動 두 줄의 끝 부분을 풀어지지 않게 묶다.

二つのひもの端の部分を解けないように縛る。

묶다 縛る

⇔ 풀다 解く

(i) 매다와 메다의 違い：매다 結ぶ。메다 (肩に) かける。
안전벨트를 매다 シートベルトをする　배낭을 메다 リュックを背負う

例 달리기 전에 신발끈을 꽉 **맸습니다**.

走る前に靴ひもをぎゅっと結びました。

□□□ **497**

굽다

/ 굽따 / 焼く

動 프라이팬 등에 고기나 생선 등을 놓고 익히다.

フライパンなどに肉や魚などを置いて火を通す。

익히다 火を通す

(i) [ㅂ変] 굽는/구워요/구우세요
생선구이 焼き魚　군밤 焼き栗　군고구마 焼き芋

名 구이 焼き

例 삼겹살을 **구워서** 상추에 싸서 먹어요.

サムギョプサルを焼いてサンチュに包んで食べます。

□□□ **498**

군대

軍隊

名 나라를 지키기 위한 군인들의 집단.

国を守るための軍人たちの集団。

집단 集団

(i) 병역 兵役　입대 入隊　제대 除隊　전역【転役】除隊

例 대부분의 한국 성인 남성은 **군대** 에 가야 합니다.

大半の韓国成人男性は軍隊に行かなければなりません。

□□□ **499**

구경하다

見物する

動 **관심 있는 것을 눈으로 보다.**

関心があるものを目で見る。

ⓘ 구경꾼 見物人　구경거리 見世物

例 길거리 공연을 시간 가는 줄 모르고 **구경했어요.**

路上ライブを見ていたら時間が過ぎるのも忘れていました。

□□□ **500**

광고

広告、コマーシャル

名 **기업 등이 사람들에게 알리고 싶은 내용을 다양한 방법으로 알리는 것.**

企業などが人々に知らせたいことを多様な方法で知らせること。

≒ 선전 宣伝　홍보 広報

ⓘ 광고지 広告紙　옥외 광고 屋外広告
　 온라인 광고 オンライン広告

例 드라마를 보는 도중에 **광고**가 나오면 드라마에 집중이 안 돼요.

ドラマを観る途中、広告が出るとドラマに集中できません。

□□□ **501**

관계

関係

名 **둘 이상의 대상이 서로 연결되어 있는 것.**

二つ以上の対象が互いにつながっていること。

대상 対象

ⓘ 가족 관계 家族関係　사제 관계 師弟関係

例 두 사람은 연인 **관계**라고 소문이 났습니다.

二人は恋人関係だとうわさになっています。

□□□ **502**

곱다

/ 곱따 /　きれいだ

形 **마음, 소리, 색깔, 모습 등이 아름답다.**

心、音、色、姿などが美しい。

ⓘ ㅂ変 고운 / 고와요 (×고워요) / 고우세요
　 피부가 곱다 皮膚がきれいだ　마음씨가 곱다 心が優しい

例 고운 피부의 비결은 뭔가요?

きれいな肌の秘訣は何ですか。

□□□ 503

고르다

選ぶ

動 여러 가지 중에서 선별하다.

多くの中から選別する。

≒ 선택하다 選択する

ⓘ (르変) 고르다 / 골라요 / 고르세요

例 이 중에서 마음에 드는 것을 **고르세요**.

この中で気に入ったものを選んでください。

□□□ 504

고치다

直す

動 고장난 것을 쓸 수 있게 수리하다.

壊れたものを使えるように修理する。

고장나다 壊れる

≒ 수리하다 修理する ⇔ 망가뜨리다 壊す

ⓘ 고쳐서 쓰다 直して使う

例 수리비가 너무 비싸서 **고치는** 것 보다 새로 사는 게 나아요.

修理代が高すぎて直すより新しく買う方がましです。

□□□ 505

경험

経験、体験

名 생활 속에서 실제로 보고 듣고 해 보는 것.

生活の中で実際に見て聞いてやってみること。

실제로 実際に

≒ 체험

ⓘ 좋은 경험이 되다 よい経験になる
경험자 経験者　경험담 体験談　간접 경험 間接経験

動 경험하다 経験する

例 젊을 때는 여러가지 **경험**을 해 보는 게 좋아요.

若い時はいろいろ経験してみるのがいいです。

□□□ 506

가위

はさみ

名 손에 쥐고 종이나 머리카락 등을 자르는 도구.

手に握って紙や髪の毛などを切る道具。

ⓘ 가위로 자르다 はさみで切る　주방가위 キッチンばさみ

例 냉면의 면을 자를 때는 **가위**를 쓰면 편리해요.

冷麺の麺を切るときは、はさみを使うと便利です。

507

감동하다

感動する

動 강하게 마음이 움직여서 기쁨 등의 감정을 느끼다.

強く心を動かされ、喜びな どの感情を感じる。

≒ 감격하다 感激する

名 冠形 감동적 感動的

例 할아버지께서 살아오신 이야기를 듣고 무척 **감동했습니다**.

おじいさんが生きてきたお話 を聞いてとても感動しました。

508

갈아타다

/ 가라타다 / 乗り換える

動 뭔가를 타고 가다가 내려서 다른 것을 타다.

何かに乗って行く途中、降 りて別のものに乗る。

ⓘ 갈아타는 곳 乗り換える所

源 갈다 (換える)＋타다 (乗る)

例 공항에 가려면 다음 역에서 **갈아타야** 해요.

空港に行くには次の駅で乗り 換えなければなりません。

509

살찌다

太る

動 몸에 살과 지방이 필요 이상으로 많아지다.

体に肉と脂肪が必要以上に 多くなる。

지방 脂肪

⇔ 마르다 痩せる

例 요즘 너무 **살쪄서** 운동을 시작했어요.

最近太りすぎて運動を始めま した。

510

우울하다

/ 우울하다, 우우라다 / 憂鬱だ、暗い気持ちだ

形 걱정 등으로 마음이 답답하여 힘이 없다.

心配などによって気持ちが ふさいで元気がない。

답답하다 息苦しい

名 우울증 うつ病

例 날씨가 안 좋으니까 기분도 **우울한** 것 같아요.

天気がよくないので気分も落 ち込むようです。

□□□ 511

야근

残業

图 **퇴근 시간이 지나고 직장에 남아서 하는 일.**

退勤時刻が過ぎて、職場に
残ってする仕事。

漢 夜勤

ⓘ 야간 근무【夜間勤務】から야근 (残業) となった。잔업 (残業) とは
言わないので注意。

動 야근하다 残業する

例 아버지는 **야근**을 마치고 새벽 두 시에 집에 돌아오셨어요.

お父さんは残業を終えて深夜2
時に家に帰ってきました。

□□□ 512

심각하다

/ 심가카다 / 深刻だ

图 **상태나 정도가 매우 심하여 문제가 크다.**

513語

状態や程度がとてもひどく、
問題が大きい。

≒ 중대하다 重大だ 절박하다 切迫だ 깊다 深い

ⓘ 심각성 深刻性 심각한 문제 深刻な問題
심각한 표정 深刻な表情

例 공해로 인해 환경 오염이 더 **심각해졌다**.

公害により環境汚染がもっと深
刻になった。

□□□ 513

쌀쌀하다

/ 쌀쌀하다, 쌀싸라다 / 肌寒い

图 **춥게 느껴질 정도로 공기가 차다.**

寒く感じられるほど空気が
冷たい。

공기 空気

ⓘ 「涼しい」시원하다 < 선선하다 < 쌀쌀하다 < 춥다 「寒い」

例 날씨가 **쌀쌀하니까** 따뜻하게 입고 나가세요.

肌寒いので、暖かく着てお出か
けください。

□□□ **514**

반품

返品

🔳 산 물건에 문제가 있어서 되돌려 보냄.

買った品物に問題があって
返すこと。

되돌리다 返す

⇔ 교환 交換

ⓘ 「払い戻し」は환불。

動 반품하다 返品する

例 여기에 **반품** 이유를 써 주십시오.

ここに返品の理由を書いてくだ
さい。

□□□ **515**

분리수거

/ 불리수거 / （ごみの）分別収集

🔳 쓰레기를 종류별로 나눠서 가지고 감.

ごみを種類別に分けて持っ
て行くこと。

漢 分離收去

ⓘ 분리수거함 分別収集箱

動 분리수거하다 分別収集する

例 플라스틱은 **분리수거**하는 날을 확인하고 버리세요.

プラスチックは分別収集する日
を確認して捨ててください。

□□□ **516**

불쌍하다

かわいそうだ、気の毒だ

🔳 처해 있는 형편이 좋지 않아 가엾고 마음이
아프다.

置かれた暮らし向きがよく
なく、ふびんで心を痛める。

처하다 置かれる　가엾다 気の毒だ、ふびんだ

例 주인을 잃은 **불쌍한** 강아지를 집으로 데려왔어요.

飼い主をなくしたかわいそうな
子犬を家に連れて帰りました。

□□□ **517**

상하다

負傷する、傷つく、やつれる

動 ① 몸이 건강하지 못한 상태가 되다.

体が不健康な状態になる。

≒ 다치다 けがする

ⓘ 近い表現に 속상하다 (悔しい、つらい)。

漢 傷-

例 무리해서 몸이 **상할까** 걱정이에요.

無理して体を壊すのではないかと心配です。

傷む、腐る

② 음식의 맛이 변해서 먹을 수 없게 되다.

食べ物の味が変って、食べられなくなる。 519語

≒ 썩다 腐る

例 어제 만든 카레가 전부 **상해서** 버렸어요.

昨日作っておいたカレーが全部腐って捨てました。

□□□ **518**

섞다

/ 석따 / 混ぜる、交ぜる

動 여러 종류를 하나로 합치다.

いろいろな種類を一つに合わせる。

합치다 合わせる

ⓘ「かき混ぜる」は 뒤섞다。

例 비빔밥은 잘 **섞어서** 먹어야 맛있어요.

ビビンパはよく混ぜて食べるとおいしいです。

□□□ **519**

불만

不満

名 만족스럽지 않음.

満足でないと思うこと。

≒ 불만족 不満足 ⇔ 만족 満足

ⓘ 불평불만 不平不満

形 불만스럽다 不満だ

例 언니는 식구들에게 **불만**을 말하는 일이 거의 없어요.

姉は家族に不満を言うことはほどんどありません。

□□□ **520**

성인병

/ 성인뼝 / 成人病、生活習慣病

名 주로 중년 이후에 생기는 여러 가지 병.

主に中年以降に生じるさまざまな疾病。

중년 中年

ⓘ 病気や健康にまつわる単語：고혈압 高血圧 당뇨병 糖尿病
  동맥 경화증 動脈硬化 뇌졸중 脳卒中

源 성인(成人)＋병(病気)

例 요즘은 어린아이들에게도 **성인병**이 발병한대요.

最近は子どもたちも生活習慣病を発病するそうです。

□□□ **521**

송금

送金

名 은행 등을 통해서 돈을 보냄.

銀行などを通してお金を送ること。

≒ 계좌이체 振り込み

ⓘ 「手数料」は수수료、「振替」は이체。

動 송금하다 送金する

例 요즘에는 공과금을 인터넷 **송금**, 신용 카드 등으로 낼 수 있어
  편리해요.

最近は公共料金をインターネット送金、クレジットカードなどで払えるので便利です。

□□□ **522**

신선하다

/ 신선하다, 신서나다 / 新鮮だ

形 새롭고 산뜻하고 싱싱하다.

新しく爽やかである。

산뜻하다 爽やかだ 싱싱하다 みずみずしい

≒ 새롭다 目新しい

例 이 영화는 다른 영화들과는 다르게 **신선한** 것 같아요.

この映画は他の映画とは違って新鮮だと思います。

□□□ 523
아깝다
/ 아깝따 / 惜しい、もったいない

形 아끼는 것을 잃거나 (원하는) 일이 뜻대로
되지 않아서 매우 안타깝다.

大切な物を失ったり、(望んだ) ことが思い通りに行かなくてとても残念だ。

아끼다 大事にする　뜻대로 思い通りに　안타깝다 残念だ

ⓘ ㅂ変 아까운/아까워요/아까우세요
버리기에는 아깝다 捨てるにはもったいない

例 새로 산 귀걸이를 잃어버렸는데 너무 아까워요.

新しく買ったイヤリングをなくしたんだけど、とても残念です。

□□□ 524
아끼다
大事にする

動 물건이나 시간, 사람 등을 소중하게
생각하다.

物や時間、人などを大切に思う。

≒ 예뻐하다 かわいがる

例 어머니는 형제들 중에서 막내를 제일 **아끼셨어요.**

お母さんは兄弟の中で末っ子を一番大事にしました。

□□□ 525
시설
施設

名 어떤 목적을 위하여 만든 건물이나 도구,
기계 등.

ある目的のために作られた建物や道具、機械など。

기계 機械

≒ 설비 設備

ⓘ 공공시설 (×공공설비) 公共施設
高齢者施設は양로원や요양병원と言うことが多い。

例 그곳은 **시설**이 좋기로 유명한 곳이래요.

そこは施設がよいことで有名な所だそうです。

□□□ **526**

응답

応答、回答

名 누가 부르거나 질문을 했을 때 거기에 대답하는 것.

誰かに呼ばれたり、質問された時、それに答えること。

≒ 대답 対答　답 答え　⇔ 질문 質問

漢 応答

ⓘ 자동응답기【自動応答機】は「留守番電話」。

動 응답하다 応答する

例 이번 설문에 **응답**을 한 사람은 백명이 안 됩니다.

今回のアンケートに回答した人は百人弱です。

□□□ **527**

정장

正装、スーツ

名 예의를 갖추어야 하는 자리에 참석할 때 입는 옷.

礼儀を尽くすべき席に参加する時着る服。

예의를 갖추다 礼儀を尽くす(整える)　참석하다 出席する

ⓘ 정장을 입다 正装する (男女ともにスーツの着用を指すことが多い)

例 지금 입고 있는 회색 **정장**이 참 잘 어울리시네요.

今着ている灰色のスーツがとてもお似合いですね。

□□□ **528**

인구

人口

名 한 나라, 한 지역에 살고 있는 사람의 수.

一つの国、一つの地域に住んでいる人の数。

지역 地域

例 현재 서울에는 천만 명에 가까운 **인구**가 모여 살고 있습니다.

現在ソウルには一千万に近い人口が集まって暮らしています。

MP3 529-531

□□□ 529

입장권 / 입짱꿘 / 入場券

名 **행사나 공연, 시설이나 장소 등에 들어가기 위한 표.**

行事や公演、施設や場所などに入るための券。

≒ 티켓 チケット 표 切符

源 입장(入場)+권(券)

例 부산 공연은 너무 인기가 있어서 **입장권**을 구하지 못했어요.

釜山公演は、あまりに人気があって入場券を取れなかったです。

□□□ 530

일정 / 일쩡 / 日程、スケジュール

名 **무엇을 해야 하고, 그걸 언제 할지 세워 놓은 계획.**

何をすべきで、それをいつするか立てておいた計画。

531語

≒ 계획표 計画表 스케줄 スケジュール 시간표 時間表

ⓘ 일정을 짜다 日程を組む 일정을 잡다 日程を決める

例 **일정**이 빡빡해서 삼각김밥으로 간단히 점심을 먹었어요.

日程がきつくて、おにぎりで簡単に昼ごはんを食べました。

□□□ 531

입장 / 입짱 / 立場

名 **놓여 있는 상황.**

置かれている状況。

상황 状況

≒ 처지 境遇 상황 状況

例 **입장**을 바꿔서 생각해 봐요.

立場を変えて考えてみましょう。

□□□ **532**

장바구니

/ 장빠구니 / 買い物袋、エコバック

🔒 쇼핑하러 갈 때 구입한 물건을 넣으려고
가져가는 가방이나 주머니.

買い物に行く時、購入した
ものを入れようと持参する
かばんや袋。

구입하다 購入する

≒ 시장바구니, 에코백

ⓘ 바구니는「かご」の意味。オンラインショップでの「カート」の意
味でも使われる。「買い物に行く」は장보러 가다。

源 장(市場)+바구니(かご)

例 장을 보러 가려면 반드시 **장바구니**를 가져가야 합니다.

買い物に行くなら、必ずエコ
バックを持って行かなければ
なりません。

□□□ **533**

짝사랑

/ 짝싸랑 / 片思い

🔒 나를 사랑하지 않는 사람을 혼자서 사랑하는
것.

自分を愛さない人を独りで
愛すること。

源 짝(対、片方)+사랑(恋)

動 짝사랑하다 片思いする

例 드디어 **짝사랑**하던 여자에게 용기를 내서 사랑을 고백했어요.

ついに片思いしていた彼女に、
勇気を出して愛を告白しました。

□□□ **534**

짝

片方

🔒 둘이 이룬 한 쌍 중의 하나.

二つで一組のものの一方。

≒ 한쪽 一方

例 장갑 한 **짝**이 없어져서 아침부터 계속 찾고 있어요.

手袋の片方が見当たらなくて、
朝からずっと探しています。

□□□ 535
풍부하다

豊富だ

形 **여러 가지 다양하고 그 양도 충분히 많다.**

いろいろと多様でその量も十分多い。

≒ 넉넉하다 十分だ

副 풍부히 豊富に

例 경험이 **풍부한** 사람이라면 이 일을 잘하겠지요.

経験が豊かな人ならこの仕事をうまくやるでしょう。

□□□ 536
함부로

むやみに

副 **아무 생각 없이 막.**

何の考えもなくむやみに。

막 やたらに、むやみに

≒ 마구 むちゃに 제멋대로 自分勝手に

例 생각 없이 **함부로** 말을 하면 안 됩니다.

何も考えずに、むやみに言ったらいけません。

□□□ 537
칭찬

称賛

名 **잘한 일이나 착한 행동을 높게 평가하는 말.**

上手にできたことやよい行動を高く評価する言葉。

평가하다 評価する

ⓘ 「褒められる」は칭찬을 받다。

動 칭찬하다 褒める

例 어려서부터 **칭찬**을 많이 받고 자랐어요.

子どもの頃からたくさん褒められて育ちました。

□□□ 538
인정

人情

名 **상대방을 배려하고 도와주려는 따뜻한 마음.**

相手を配慮して、助けようとする温かい心。

배려하다 配慮する、気を配る

≒ 인심 人心 정 情

ⓘ 정이 깊다 情が深い 정이 들다 なじむ 정이 들다 情が移る

例 **인정** 많고 따뜻한 고향으로 돌아가고 싶어요.

人情豊かで温かい故郷に帰りたいです。

□□□ **539**

인정받다 / 인정받따 / 認められる

動 **가치나 능력 등이 확실하다고 다른 사람이 생각해 주다.**

価値や能力などが確実だと他人に思われる。

漢 認定-

名 인정 認定

動 인정하다 認める

例 저도 빨리 사회로 나가서 **인정받고** 싶어요.

私も早く社会に出て、認められたいです。

□□□ **540**

일회용 / 일회용, 이뢰용,이뤠용 / 使い捨て

名 **한 번 사용하고 나서,더 이상 쓰지 않고 버리는 것.**

1回使ってから、それ以上使わないで捨てるもの。

漢 一回用

ⓘ 종이컵 紙コップ   페트병 ペットボトル   비닐장갑 ビニール手袋
비닐우산 ビニール傘   나무젓가락 割り箸

例 위생을 위해서 **일회용** 컵을 사용하고 있어요.

衛生のため使い捨てのコップを使用しています。

□□□ **541**

자막 字幕

名 **영화나 텔레비전 등에서 대사를 읽을 수 있게 글자로 써 준 것.**

映画やテレビなどでせりふを読めるように文字に書いたもの。

대사 せりふ

ⓘ 「吹替」はダビング (dubbing)。

例 **자막** 없이 한국 드라마를 보는 게 목표예요.

字幕なしで韓国ドラマを見ることが目標です。

□□□ **542**

작가 / 작까 / 作家

名 **소설, 그림 등 예술을 만들어 내는 사람.**

小説、絵画など芸術を創り出す人。

ⓘ 화가 画家   예술가 芸術家   발명가 発明家
예술 전반의 작り手のことを指す。

例 어렸을 때부터 시나리오 **작가**가 되고 싶었어요.

子どもの頃からシナリオ作家になりたかったです。

□□□ 543

작업복 / 자겁뽁 / 作業着、作業服

名 **위험하거나 더러워지기 쉬운 작업을 할 때 입는 옷.**

危険だったり、汚れやすい作業をする時、着る服。

≒ 유니폼 ユニフォーム

ⓘ 복이 붙는 단어에는 「制服」교복【校服】、제복【制服】도 있다.

例 이번 **작업복**은 색깔도 예쁘고 디자인도 멋지군요.

今度の作業着は色もきれいでデザインもかっこいいですね。

□□□ 544

잡다 / 잡따 / 取る

動 **손을 사용해서 어떤 것을 가지고 놓지 않다.**

手に使って、あるものを取って離さない。

ⓘ 왼손잡이 左利き 오른손잡이 右利き 양손잡이 両(手)利き
接辞 -잡이로「ー取り」の意味。

動 잡히다 捕まる

例 동생은 매미를 **잡으러** 나무에 올라갔어요.

妹はセミを捕りに木に登りました。

545語

□□□ 545

재활용 / 재화룡 / 再利用、リサイクル

名 **버리거나 안 쓰는 물건을 다른 데에 다시 사용하는 것.**

捨てたり、使わない物を他のところに再び使用すること。

≒ 재생 再生 리사이클링 リサイクル

漢 再活用

ⓘ 재활용품 リサイクル (再活) 用品 재활용 쓰레기 資源ごみ

例 새로운 **재활용** 아이디어를 모집하고 있습니다.

新しい再利用のアイディアを募集しています。

□□□ **546**

전쟁

戦争

🔏 군대와 군대가 무기를 사용하여 서로 싸움.
또는 아주 심각한 싸움이나 경쟁.

軍隊と軍隊が武器を用いて
争うこと。またはとても深
刻な争いや競争。

심각하다 深刻だ

≒ 난리 戦乱、騒ぎ ⇔ 평화 平和

ⓘ 교통 전쟁【交通戦争】極めてひどい渋滞

例 **전쟁** 때문에 아이들이 부모를 잃고 고아가 되었다.

戦争のために子どもたちが親
を失って孤児になった。

□□□ **547**

저렴하다

/ 저렴하다, 저려마다 /

安い

🔏 물건의 가격이 싸다.

品物の値段が安い。

≒ 싸다 安い ⇔ 비싸다 高い 고가다 高価だ

漢 低廉-

例 같은 물건도 인터넷 쇼핑몰에서 **저렴하게** 살 수 있었어요.

同じ物もインターネットショッ
ピングモールで安く買えました。

□□□ **548**

진통제

鎮痛剤

🔏 아픔을 없애거나 가볍게 하기 위해 쓰는 약.

痛みを取り除いたり、軽減
するために用いる薬。

없애다 消す

ⓘ「痛み」は통증【痛症】。

例 머리가 아픈데 잠깐 약국에 들러서 **진통제**를 사도 될까요?

頭が痛いんですが、ちょっと薬
局に寄って鎮痛剤を買っても
いいでしょうか。

□□□ **549**

통장

通帳

🔏 내 은행 구좌에 돈이 언제, 얼마나, 어디서
들어오고 어디로 나가는지 기록하는 노트.

自分の銀行口座に金がいつ、
いくら、どこから入ってどこ
へ出たか記録するノート。

구좌 口座

ⓘ 현금인출기 ATM 계좌이체 口座振り込み
자동이체 自動振り替え 인출 引き出し

例 **통장**을 만들고 싶은데 어떻게 해야 하나요?

通帳を作りたいのですが、どう
したらいいですか。

□□□ **550**

해결하다 　　　　　/ 해결하다, 해겨라다 / 　解決する

> 動 문제를 처리할 방법을 찾아 끝내거나 문제의 맞는 답을 찾다.

問題を処理する方法を見つけて終わらせたり、問題の正しい答えを見つける。

≒ 풀다 ほぐす、解く

動 해결되다 解決される

例 이 사건을 **해결하지** 못 하면 오늘도 야근이에요.

この事件を解決できなければ、今日も残業です。

□□□ **551**

간편하다 　　　　　/ 간편하다, 간펴나다 / 　簡単だ、便利だ

> 形 단순해서 하기 쉽고 편하다.

単純でやりやすくて楽だ。

편하다 楽だ

≒ 편하다 手軽だ　⇔ 불편하다 不便だ

漢 簡便-

ⓘ 간편결제 簡単決済

例 **간편하게** 먹을 수 있는 인스턴트식품이 많아졌어요.

簡単に食べられるインスタント食品が増えました。

□□□ **552**

눕다 　　　　　/ 눕따 / 　横になる、横たわる

> 動 몸을 옆으로 해서 등이나 옆구리를 바닥에 대다.

身体を横にして背中や脇腹を地面に付ける。

등 背中　옆구리 脇腹

ⓘ [ㅂ変] 눕는/누워요/누우세요
누워서 자다 横になって寝る　(병으로)자리에 눕다 病に臥す

例 소파에 **누워서** 드라마를 보다가 자 버렸어요.

ソファーに横になってドラマを見ている途中で寝てしまいました。

□□□ 553

능력 / 능녁 / 能力

名 무엇인가를 해낼 수 있는 힘.

何かをやり遂げることがで
きる力。

해내다 やり遂げる

⇔ 무능력 無能力

ⓘ 능력이 있다/없다 能力がある／ない　무능력하다 無能だ
초능력 超能力　수학능력시험 修学能力試験 (韓国の大学入試)

例 아무리 **능력**이 있어도 노력하지 않으면 성공할 수 없다.

いくら能力があっても努力しな
ければ成功できない。

□□□ 554

개다

晴れる

動 ① 나빴던 날씨가 좋아지다.

悪かった天気がよくなる。

≒ 맑아지다 晴れてくる　⇔ 흐리다 曇っている

ⓘ「雨のち晴れ」는 비 온 뒤 갬、「曇りのち晴れ」는 흐린 후 갬。

例 지금은 비가 오지만 오후에는 **갠다고** 해요.

今は雨が降っているけど、午後
は晴れるそうです。

畳む

動 ② 의류나 이불을 반듯하게 접다.

衣類や布団などをきちんと
折る。

반듯하다 きちんとしている (まっすぐだ)

≒ 접다　⇔ 펴다 広げる

ⓘ 이불을 개다 布団を畳む　빨래를 개다 洗濯物を畳む

例 세탁한 옷을 **개서** 옷장에 넣었어요.

洗濯した服を畳んで洋服たん
すに入れました。

□□□ 555

맑다

/ 막따 /   晴れる

形 ① 하늘에 구름이 거의 없고 날씨가 좋다.

空に雲がほとんどなく、天気がよい。

≒ 쾌청하다 快晴だ ⇔ 흐리다 曇っている

ⓘ 「晴れる」 개다와 맑다 : 개다 (動詞) 曇っていた天気がよくなる。
맑다 (形容詞) 晴れている状態。

名 맑음 晴れ

例 **맑은** 날에 다시 한번 여기에 오고 싶네요.

晴れた日にもう一度ここに来たいですね。

清い、澄んでいる

556 語

形 ② 더러운 것이 섞여 있지 않고 깨끗하다.

汚いものが混ざらずきれい。

⇔ 탁하다 濁っている

ⓘ 맑은 공기 澄んだ空気 맑은 물 清い水 맑은 눈동자 澄んだ瞳

例 산에 올라가서 **맑은** 공기를 마셨어요.

山に登って澄んだ空気を吸いました。

□□□ 556

검사

検査

名 조사해서 상태를 알아보는 것.

調査して状態を調べること。

漢 検査

ⓘ 검【検】이 付く単語には검사 (検事)、검정 (検定)、검색 (検索)、점검 (点検) など。

例 **검사** 결과는 언제쯤 나옵니까?

検査の結果はいつ頃出ますか。

□□□ 557

견디다

耐える

動 힘든 것을 참다.

つらいことを我慢する。

≒ 버티다 耐える　인내하다 忍耐する　참다 我慢する

ⓘ 「耐える、我慢する」：견디다 一定期間持ちこたえる。버티다 圧力や困難に耐えて踏ん張る。인내하다【忍耐-】耐え忍ぶ。참다 痛みや感情をこらえる。

例 이번 여름은 **견딜** 수 없는 더위가 될 것 같습니다.

この夏は耐えられない暑さになりそうです。

□□□ 558

결국

結局、ついに

名 副 마지막 단계, 결론적으로.

最後の段階、結論的に。

단계 段階

ⓘ 마지막 最後　최종적으로 最終的に

例 축구 시합에서 **결국** 우리 팀이 이겼어요.

サッカーの試合で結局うちのチームが勝ちました。

□□□ 559

결코

決して

副 무슨 일이 있어도 절대로.

どんなことがあっても絶対に。

≒ 절대로 絶対に

ⓘ 결코の後は否定文が続く。
例：결코 포기하지 않겠어. (決して諦めない。)

例 우리의 만남은 **결코** 우연이 아닐 거예요.

私たちの出会いは決して偶然ではないでしょう。

206

□□□ 560

경영

経営

🔲 **사업 목적에 따라서 사업을 관리하고
운영하는 것.**

事業の目的に従って事業を
管理し運営すること。

사업 事業   따르다 従う   관리하다 管理する

≒ 운영 運営

ⓘ 경영자 経営者   경영진 経営陣

🔲 경영하다 経営する

🔲 삼촌은 작은 회사를 **경영**하고 있어요.

叔父は小さい会社を経営して
います。

560語

● 接辞、冠形詞③

漢字語の接辞は日本語の意味と同じものが多いです。ぜひたくさん見つけてみてください。

漢字語の接辞	漢字	例	メモ
불	不	□ 불필요 不必要 □ 불가능 不可能 □ 부도덕 不道徳 □ 부주의 不注意	後ろに続く子音がⅭ,ㅈの時は불でなく、부になる
부	副	□ 부작용 副作用 □ 부회장 副会長	
무	無	□ 무조건 無条件 □ 무감각 無感覚	⇔ 유 有
비	非	□ 비공개 非公開 □ 비공식 非公式	
미	未	□ 미성년자 未成年者 □ 미완성 未完成	
반	半	□ 반팔 半袖 □ 반시간 半時間(30分)	
반	反	□ 반비례 反比例 □ 반정부 反政府	
고	古	□ 고가구 古家具 □ 고미술 古美術	⇔ 신 新
고	高	□ 고혈압 高血圧 □ 고기능 高機能	⇔ 저 低

생	生	□ 생크림 生クリーム □ 생맥주 生ビール □ 생방송 生放送	
친	親	□ 친오빠 実の兄 □ 친할아버지 父方の祖父	
외	外	□ 외할아버지 母方の祖父 □ 외삼촌 母方のおじ □ 외갓집 母の実家	
대	大	□ 대성공 大成功 □ 대가족 大家族	⇔ 소 小
대	対	□ 대국민 対国民 □ 대북(한) 対北韓 (対北朝鮮)	例:대통령은 대국민 연설을 할 예정이다.（大統領は国民に 対して演説をする予定だ。） 대북 외교 対北外交
적	的	□ 지적 知的 □ 한국적 韓国的 □ 개인적 個人的	지적(/지쩍)のように、一文字＋ 「的」の際、発音は/쩍/になる。 例:미적/미쩍/ 美的 사적/사쩍/ 私的
여	女	□ 여동생 妹 □ 여배우 女優 □ 여선생 女性教師	
재	再	□ 재활용 再活用、 リサイクル □ 재시험 再試験 □ 재작년 一昨年	

매	毎	□ 매주 毎週	
		□ 매달 毎月	
		□ 매년 毎年	
청	青	□ 청바지 ジーンズ	홍 紅、적 赤、황 黄、
		□ 청사진 青写真	흑 黒、백 白
장	場	□ 운동장 運動場	
		□ 주차장 駐車場	
관	館	□ 도서관 図書館	
		□ 체육관 体育館	

스테이지 8

쥐구멍에도 볕 들 날이 있다.
ネズミの巣にも陽が差す日がある。

561

괴롭다 / 괴롭따, 궤롭따 / つらい、苦しい

形 몸이 아프거나 정신적으로 스트레스를
받아서 힘들다.

体が痛かったり、精神的に
ストレスを受けて大変だ。

정신적 精神的

≒ 고통스럽다 苦しい

ⓘ [ㅂ変] 괴로운 / 괴로워요 / 괴로우세요
직장내 괴롭힘은「職場いじめ」のこと。

動 괴롭히다 苦しめる

名 괴로움 つらさ   괴롭힘 / 왕따 いじめ

例 남친과 헤어진 후 한동안 **괴로웠지만** 지금은 괜찮아요.

彼氏と別れた後、しばらく辛
かったけど今は大丈夫です。

562

골목 路地

名 건물 사이에 있는 사람이 다니는 좁은 길.

建物の間にある、人が通る
狭い道。

좁다 狭い

≒ 골목길 ⇔ 큰길 大路

ⓘ 막다른 골목 袋小路   뒷골목 裏道   골목대장 ガキ大将

例 서울에서 예쁜 벽화가 그려진 **골목**을 걷고 싶어요.

ソウルできれいな壁画が描か
れた路地を歩きたいです。

563

공통점 / 공통쩜 / 共通点

名 서로 같은 부분.

互いに同じ部分。

≒ 유사점 類似点   같은 점 同じ点

⇔ 차이점【差異点】違い   다른 점 違う点

漢 共通点

源 공통(共通)＋점(点)

例 우리는 **공통점**이 많아서 금방 친해질 수 있었어요.

私たちは共通点が多くてすぐ
親しくなれました。

□□□ **564**

과장

誇張、大げさ

名 ① 실제보다 크고 좋게 보이도록 하는 것.

実際より大きく、よく見えるようにすること。

≒ 과대 誇大 오버 オーバー ⇔ 축소 縮小

ⓘ 과장 광고는 「誇大広告」のこと。

動 과장하다 誇張する 과장되다 誇張される

例 그의 말은 항상 **과장**이 많은 것 같다.

彼の話はいつも誇張が多いようだ。

課長

② 회사 등에서 한 과의 책임자.

会社などでの一つの課の責任者。

ⓘ 대리 代理 차장 次長 부장 部長

例 김 대리가 승진해서 이제는 김 **과장**이 되었어요.

キム代理が昇進して、今はキム課長になりました。

□□□ **565**

관광

観光

名 유명한 지역에 가서 구경하고 여러 가지 체험하는 것.

有名な地域に行って見物し、いろいろ体験すること。

지역 地域 체험하다 体験する

ⓘ 단체 관광 団体観光 관광지 観光地 관광객 観光客

動 관광하다 観光する

例 한국에 가면 **관광**도 하고 쇼핑도 할 거예요.

韓国に行ったら観光もしてショッピングもするつもりです。

□□□ **566**

관련

/ 괄련 / 関連

名 서로 연결되어 관계가 있는 것.

互いに繋がって関係があること。

≒ 관계 関係

ⓘ 관련성 関連性 관련자 【関連者】関係者

動 관련되다 関連する

例 한국어를 배워서 한국과 **관련**이 있는 일을 하고 싶어요.

韓国語を習って韓国に関連する仕事をしたいです。

□□□ **567**

관리 / 괄리 / 管理

名 **어떤 것을 유지하기 위해서 하는 일.**

あるものを維持するために
する働き。

유지하다 維持する

ⓘ 관리실 管理室　피부 관리 皮膚管理　자산 관리 資産管理

動 관리하다 管理する　관리되다 管理される

例 날씬한 몸을 유지하려면 **관리**가 필요하다.

スレンダーな体を維持するに
は管理が必要だ。

□□□ **568**

굉장하다 すごい

形 **아주 크거나 매우 훌륭하다.**

とても大きかったり、非常
に素晴らしい。

≒ 대단하다

漢 宏壯-

副 굉장히 すごく

例 사장님의 따님이 **굉장한** 미인이래요.

社長のお嬢さんはすごい美人
ですって。

□□□ **569**

궁금하다 / 궁금하다, 궁그마다 / 知りたい、気になる

形 **어떤 것에 대해 무척 알고 싶어서 신경이
쓰이다.**

ある物事についてとても知
りたくて気になる。

신경이 쓰이다 気になる

ⓘ 궁금증은 「好奇心」のこと。

例 **궁금한** 게 있으면 뭐든지 물어보세요.

知りたいことがあれば何でも
尋ねてください。

□□□ 570

권하다

/ 권하다, 궈나다 / 勧める

動 상대방을 위해서 좋다고 생각되는 것을 추천하다.

相手のためにいいと思われることを推薦する。

상대방 相手　추천하다 推薦する

≒ 권유하다勧誘する

漢 勧-

例 친구가 **권하는** 화장품을 써 봤는데 좋더라고요.

友達が勧める化粧品を使ってみたのですがよかったんですよ。

□□□ 571

급하다

/ 그파다 / 急ぎだ

形 시간적 여유가 없어서 빨리 해야 하는 상태다.

時間的な余裕がなく、早くやらなければならない状態だ。

漢 急-

ⓘ 「急ぐ」 (動詞) は서두르다。급한 일이 있다 急用がある

諺 급할수록 돌아가라 急がば回れ

副 급히 急に

例 **급한** 일이 있어서 서둘러서 나갔어요.

急用があって急いで出かけました。

□□□ 572

기념

記念

名 특별하게 생각해서 마음에 남겨 두는 것.

特別だと思って心に残しておくこと。

ⓘ 기념사진 記念写真　기념일 記念日　기념품 記念品

動 기념하다 記念する

例 아이가 태어난 **기념**으로 나무를 심었어요.

子どもが生まれた記念に木を植えました。

□□□ **573**

기능

機能

名 기기 등의 역할이나 작용하는 능력.

機器などの役割や作用する
能力。

역할 役割　작용하다 作用する

ⓘ 다기능 多機能

例 **기능**이 많은 전자제품은 오히려 쓰기 불편해요.

機能が多い電化製品はかえっ
て使いづらいです。

□□□ **574**

기업

企業

名 이익을 목적으로 경제 활동을 하는 조직.

利益を目的に経済活動をす
る組織。

이익 利益　조직 組織

ⓘ 중소기업 中小企業　대기업 大企業　상장기업 上場企業

例 그 회사는 단기간에 세계적인 **기업**으로 성장했습니다.

あの会社は短期間で世界的な
企業に成長しました。

□□□ **575**

깊다

/ 깁따 / 深い

形 밖에서 안까지 거리가 멀다.

外から内までの距離が長い。

⇔ 얕다 浅い

ⓘ 뿌리 깊은 나무 根の深い木　깊은 뜻이 있다 深い意味がある

名 깊이 深さ

動 깊어지다 深くなる

例 수심이 **깊은** 곳에서 수영하면 위험해요.

水深が深い所で泳ぐと危ない
です。

□□□ **576**

깜빡하다

/ 깜빠카다 / うっかりする、度忘れする

動 잠깐 동안 기억하지 못하다.

少しの間、思い出せない。

≒ 잊어버리다 忘れる

ⓘ 건망증은「健忘症、物忘れ」。

源 깜빡(うっかり)＋하다(する)

例 **깜빡하고** 지갑을 집에 두고 와서 가지러 갔어요.

うっかり財布を家に置いてきた
ので取りに行きました。

216

□□□ 577

두통

頭痛

名 머리가 아픈 증상.

頭が痛む症状。

증상 症状

ⓘ 두통약 (発音/두통냑/) 頭痛薬　두통거리 頭痛の種
편두통 片頭痛

例 **두통**의 원인을 알 수 없어서 정밀 검사를 받기로 했어요.

頭痛の原因が分からないので精密検査を受けることにしました。

□□□ 578

마감

締め切り

名 정해진 기한의 끝

定められた期限の終わり。

기한 期限

≒ 데드라인 デッドライン

ⓘ 마감일 締め切り日

動 마감하다 締め切る　마감되다 締め切られる

例 원서 제출은 내일이 **마감**이니까 서두르세요.

願書の提出は明日が締め切りなので急いでください。

□□□ 579

물고기

/ 물꼬기 / 魚

名 물에서 사는 아가미로 호흡하는 척추동물.

水にすむ、えらで呼吸する脊髄動物。

아가미 えら　호흡하다 呼吸する　척추동물 脊椎動物

≒ 어류 魚類

ⓘ 민물고기 淡水魚　바닷물고기 海水魚
생선【生鮮】は食べるために捕った魚。

例 수족관에 가면 여러 종류의 **물고기**를 볼 수 있어요.

水族館に行けば、いろんな種類の魚を見ることができます。

□□□ 580

여권 / 여꿘 / 旅券、パスポート

名 외국을 여행하는 사람의 신분이나 국적을
증명하는 문서.

外国を旅行する人の身分や
国籍を証明する文書。

신분 身分　국적 国籍　증명 証明

≒ 패스포드 パスポート

ⓘ 여권 사진 パスポートの写真

例 **여권**은 어디에서 만들어야 합니까?

パスポートはどこで作らなけれ
ばなりませんか?

□□□ 581

여기저기 あちこち、あっちこっち

名 특별히 정해지지 않은 여러 장소나 위치.

特別に決まっていない、い
ろいろな場所や位置。

≒ 이곳저곳 あれこれ

源 여기(ここ)＋저기(あそこ)

例 공원 **여기저기**에 떨어져 있는 쓰레기를 주웠어요.

公園のあちこちに落ちているご
みを拾いました。

□□□ 582

용돈 / 용똔 / お小遣い

名 자기자신이 자유롭게 쓸 수 있는 돈.

自分自身が自由に使えるお
金。

ⓘ 용돈을 벌다 お小遣いを稼ぐ　용돈을 모으다 お小遣いを貯める
용돈을 타다/받다 お小遣いをもらう

例 나는 아르바이트를 해서 **용돈**을 벌고 있어요.

私はバイトをしてお小遣いを
稼いでいます。

□□□ 583

믿다 / 믿따 / 信じる

動 무엇을 의심하지 않고 사실이라고 생각하다.

何かを疑わずに事実だと思
う。

≒ 신뢰하다 信頼する

名 믿음 信じること

例 그 회사 제품이라면 **믿을** 수 있어요.

その会社の製品なら信じられ
ます。

□□□ 584
반드시
必ず

🔲 예외 없이, 무슨 일이 있어도.

例外なく、何があっても。

예외 例外

≒ 꼭 きっと、決まって

例 약속은 **반드시** 지키니까 걱정하지 마십시오.

約束は必ず守るので心配しないでください。

□□□ 585
밤새
/ 밤새,밤쌔 / 夜の間

🔲 밤부터 다음 날 아침까지 지나는 동안.

夜から次の朝まで過ぎる間。

≒ 밤사이 夜の間　밤새도록 一晩中

ⓘ 밤사이의 縮約形。밤새다 夜明かしする
「徹夜」는 밤샘。

源 밤(夜)＋새/사이(間)

例 오늘은 비가 와서 **밤새** 쌓인 눈이 전부 녹아 버렸다.

今日は雨が降ったので、夜の間積もった雪が全部溶けてしまった。

□□□ 586
범인
/ 버민 / 犯人

🔲 법을 어기고 범죄를 저지른 사람.

法に違反して犯罪を犯した人。

법을 어기다 法を破る　저지르다 犯す

≒ 범죄자 犯罪者

ⓘ 「容疑者」는 용의자、「泥棒」는 도둑、「強盗」는 강도。

例 아무도 누가 **범인**인지 모르는 것 같아요.

誰も、誰が犯人なのか分からないみたいです。

□□□ 587

벼룩시장

/ 벼룩씨장 / フリーマーケット、のみの市

图 여러가지 중고품을 싸게 사고파는 시장.

いろんな中古品を安く売買する市場。

사고팔다 売買する

≒ 도깨비 시장 のみの市

源 벼룩(ノミ)+시장(市場)

例 오늘부터 **벼룩시장**이 시작한다는데 한번 가 볼래?

今日からフリーマーケットが始まるそうだけど、一度行ってみる?

□□□ 588

바라보다

眺める、見つめる

動 가만히 바로 향해 보다.

じっと正面から見る。

가만히 じっと

≒ 보다 見る 쳐다보다 見上げる、見つめる

源 바라다(目指す)+보다(見る)

例 아버지는 미소를 지으며 딸을 **바라보고** 있었다.

お父さんは笑みを浮かべながら娘を見つめていた。

□□□ 589

복날

/ 봉날 / ボンナル、伏日

图 1년 중 가장 더운 시기에 더위를 이기기 위해 삼계탕을 먹는 날.

1年中で最も暑い時期に、暑気払いのため参鶏湯を食べる日。

漢 伏날 (日)

ⓘ 초복 (初伏)、중복 (中伏)、말복 (末伏) の三伏がある。暑気払いのため滋養のある参鶏湯などを食べる。

例 **복날**에 동료들과 삼계탕을 먹으러 갔어요.

ボンナルに同僚たちと参鶏湯を食べに行きました。

□□□ 590

봉사하다

奉仕する、ボランティアする

動 대가를 바라지 않고 남을 위해 일하다.

対価を求めずに他人のために働く。

ⓘ「ボランティア活動」は봉사활동/자원봉사。

名 봉사 奉仕

例 학생들이 수재민들을 위해 **봉사하기로** 했다.

学生たちが水害被災者のためにボランティア活動をすることにした。

□□□ 591

부지런하다

/ 부지런타다, 부지러나다 /

勤勉だ

形 게으름을 피우지 않고 꾸준하게 열심히 하는 성향이 있다.

怠けないで、地道に一生懸命する傾向がある。

게으름을 피우다 怠ける   꾸준하다 着実だ

≒ 근면하다 勤勉だ

例 미나 씨는 회사에서 **부지런하다는** 얘기를 듣고 있다.

ミナさんは会社で勤勉だと言われている。

□□□ 592

분명하다

明らかだ

形 모습이나 소리, 행동, 태도, 성격 등이 뚜렷하고 확실하다.

姿や声、行動、態度、性格などがはっきりしていて確かである。

뚜렷하다 はっきりする   확실하다 確かだ

≒ 틀림없다 間違いない

漢 分明-

副 분명히 はっきり

例 그 사람을 좋아하는 게 **분명한** 것 같아요.

その人が好きなことは明らかなようです。

□□□ **593**

불평

不平、文句

名 **마음에 들지 않아서 불만을 표현함.**

気に入らなくて不満を表すこと。

≒ 불만 不満

動 불평하다 不平を言う

例 그 친구는 모든 일에 항상 **불평**만 해요.

その友達は全てのことにいつも不平ばかり言います。

□□□ **594**

발달

/ 발딸 / 発達

名 **신체,지능이 성장하거나 기술,문명 등이 발전하는 것.**

知能が成長したり、技術、文明などが発展すること。

≒ 발전 発展　성장 成長

動 발달하다 発達する

例 인터넷의 **발달**로 우리 생활에 많은 변화가 있었다.

インターネットの発達で私たちの生活に多くの変化があった。

□□□ **595**

붐비다

込む、混む

動 **사람들이나 차 등이 한 곳에 모여 있어 매우 복잡하다.**

人や車などが一カ所に集まって、非常に混雑している。

복잡하다 混雑だ

≒ 복잡하다 複雑だ　혼잡하다 混雑している
막히다 ふさがる、混む

ⓘ 길이 붐비다 道が混む

例 퇴근 시간이라서 도로는 많은 차들로 **붐볐다**.

退勤時間なので道路は多くの車で混んでいた。

□□□ 596

사용료

/ 사용뇨 / 使用料

名 **어떤 시설이나 물건을 쓴 값으로 내는 돈.**

ある施設や物を使った代金として、払うお金。

≒ 이용료 利用料

ⓘ ~료 (料) 가 付く単語 : 임대료 賃貸料　수업료 授業料

源 사용 (使用)＋료 (料)

例 인터넷 **사용료**가 가장 싼 곳은 어디예요?

インターネットの使用料が一番安いのはどこですか。

597語

□□□ 597

산꼭대기

/ 산꼭때기 / 山頂

名 **산의 제일 윗부분.**

山の一番の上部。

≒ 산정상 山頂

源 산 (山)＋꼭대기 (てっぺん)

例 **산꼭대기**까지 쉬지 않고 올라가는 건 힘들 것 같아요.

山のてっぺんまで休まずに登って行くのは大変だと思います。

□□□ **598**

살다

生きる

動 ① 사람이나 동물이 숨을 쉬고 있다.

人や動物が息をしている。

≒ 생존하다 生存する ⇔ 죽다 死ぬ 사망하다 死亡する

ⓘ [ㄹ変] 사는/살아요/사세요
「生きている」는 살아 있다.

動 살리다 生かす

名 삶 生

例 죽었다고 생각했던 사람이 **살아서** 돌아왔다

死んだと思った人が生きて帰っ
てきた。

暮らす

動 ②(무엇인가를 하면서)하루하루를 보내다.

(何かをしながら)毎日を過
ごす。

≒ 생활하다 生活する

ⓘ [ㄹ変] 사는/살아요/사세요
「暮らしている、住んでいる」는 살고 있다.

名 삶 暮らし

例 이번 여름에 제주도에 **사는** 친척들을 만나러 갈 예정이에요.

今度の夏に済州島に暮らす親
戚に会いに行く予定です。

□□□ **599**

새롭다

/ 새롭따 / 新しい

形 이전과는 다르거나 있었던 적이 없다.

以前とは違ったり、今まで無
かった。

ⓘ [ㅂ変] 새로운/새로워요/새로우세요

源 새(新しい)+롭다(そうである)

動 새로워지다 新しくなる

例 **새로운** 환경에 적응하는 게 좀 어려운 것 같아요.

新しい環境に適応するのが少
し難しいみたいです。

□□□ 600

새치기

割り込み

名 **순서를 어기고 남의 앞에 끼어드는 것.**

順序を守らず、人の前に入り込むこと。

순서를 어기다 順序を守らない 끼어들다 入り込む、割り込む
源 새(間、隙間)+치기(打つこと)

動 새치기하다 割り込む

例 다들 기다리고 있는데 **새치기**하지 마세요.

みんな待っているのに、割り込まないでください。

603語

□□□ 601

설득하다

/ 설뜨카다 / 説得する

名 **상대방이 그 말을 이해하도록 잘 설명하다.**

相手がその言葉を理解するように、うまく説明すること。

名 설득 説得

動 설득되다 説得される

例 졸업 후에 유학을 가려고 부모님을 **설득하고** 있어요.

卒業後に留学に行こうと両親を説得しています。

□□□ 602

성공

成功

名 **목표나 목적하는 것을 이룸.**

目標や目的にしていたことを成し遂げること。

⇔ 실패 失敗

動 성공하다 成功する

ⓘ 실패는 성공의 어머니 失敗は成功の母

例 그의 도움으로 사업 **성공** 가능성이 훨씬 더 높아졌다.

彼の助けによって、事業の成功の可能性がはるかに高くなった。

□□□ 603

성적

成績

名 **지식이나 일, 경기 등에서 평가된 결과.**

知識や仕事、試合などで評価された結果。

결과 結果

≒ 성과 成果 실적 実績

ⓘ 성적표 成績表

例 국가 대표 선수들이 기대 이상으로 좋은 **성적**을 냈어요 .

国家代表選手たちが期待以上にいい成績を出しました。

□□□ **604**

세월

歳月、年月

名 지나가는 시간의 길이.

過ぎ行く時間の長さ。

≒ 시간 時間

例 민수가 벌써 대학생이에요? **세월** 참 빠르네요.

もう大学生ですか？ 年月が経つのは本当に早いですね。

□□□ **605**

횟수

/ 휃쑤 / 回数

名 몇 번 했는지 그 수.

何度行われたか、その数。

源 회(回)+수(数)

例 직장인이 되고 친구들을 만나는 **횟수**가 줄었어요.

社会人になって、友達に会う回数が減りました。

□□□ **606**

자랑하다

誇る、自慢する

動 정말 잘했다, 아주 좋다고 생각하고 보라는 듯이 말하다.

本当にうまくできた、とてもよいと思って、これ見よがしに話す。

보라는 듯이 自慢げに(これ見てと言うように)

名 자랑 自慢

形 자랑스럽다 誇らしい

例 그는 부인의 음식 솜씨를 사람들에게 **자랑했어요**.

彼は奥さんの料理の腕前を人に自慢しました。

□□□ **607**

젖다

/ 젇따 / ぬれる、湿る

動 물이나 다른 액체가 속까지 들어와서 축축해지다.

水や他の液体が中まで入って湿っぽくなる。

축축하다 湿っぽい

⇔ 마르다 乾く

動 적시다 ぬらす

例 **젖은** 머리를 드라이어로 말리세요.

ぬれた髪をドライヤーで乾かしてください。

□□□ 608

인생

人生

名 태어나서 죽을 때까지의 기간, 혹은 그
동안의 생활과 경험들.

生まれて死ぬまでの期間、ま
たはその間の生活や経験。

≒ 삶生 생애 生涯

例 **인생**에서 가장 행복한 순간은 언제인가요?

人生で一番幸せな瞬間はいつ
ですか。

□□□ 609

의논하다

/ 의논하다, 의노나다 /   相談する、議論する

611語

動 서로의 생각과 의견을 주고받다.

互いの考えや意見を交わす。

주고받다 交わす、やり取りする

≒ 상의하다【相議-】

ⓘ 「相談する」의논하다와 상담하다 : 의논하다 同じ立場の人に相
談したり、意見を交わす。**상담하다** 専門家などに解決案を聞く。

名 의논 議論

例 이 일은 언니하고 **의논해서** 결정하고 싶어요.

このことは姉と相談して決めた
いです。

□□□ 610

상담하다

/ 상담하다, 상다마다 /   相談する

動 문제를 해결하기 위해서 상대에게 상황을
설명하고 도움말을 듣다.

問題を解決するために、相
手に状況を説明して助言を
聞く。

상황 状況   도움말 助言

ⓘ 主に専門家、決定の権限がある人と相談する場合に使う。

名 상담 相談

例 약을 먹어도 좋아지지 않으면 바로 의사와 **상담하세요**.

薬を飲んでもよくならなかった
ら、すぐ医者に相談してくださ
い。

□□□ 611

인물

人物

名 사람. 또는 그 사람의 얼굴이나 성격.

人。またはその人の顔や性
格。

例 소설 속의 **인물**들이 매력적이에요.

小説の中の人物が魅力的です。

□□□ **612**

의심하다

/ 의심하다, 의시마다 / 疑う

動 진짜가 아닐 수 있다고 생각하고 믿지 못하다.

本当ではないかもしれないと思って信じられない。

≒ 불신하다【不信-】信じない　⇔ 믿다 信じる

漢 疑心-

名 의심 疑い

形 의심스럽다 疑わしい

例 무조건 믿지 말고 한번 **의심해** 보세요.

無条件に信じないで一度疑ってみてください。

□□□ **613**

울음

/ 우름 / 泣き、泣くこと

名 너무 기쁘거나 슬퍼서, 혹은 너무 아파서 소리 내면서 눈물을 흘리는 일.

うれしすぎたり悲しすぎて、または痛すぎて、声をあげて涙を流すこと。

⇔ 웃음 笑い

ⓘ 울음소리 泣き声、鳴き声
　울음바다는, 大勢が一斉に声を出して泣く様子のこと。

動 울다 泣く

例 어린아이는 사탕을 주니까 금세 **울음**을 그쳤어요.

子どもはあめをあげたら、すぐ泣きやみました。

□□□ **614**

울보

泣き虫

名 작은 일에도 금방 우는 아이.

些細なことですぐに泣く子。

ⓘ -보 (坊) は「その特性の持ち主」の意味。
　例 : 느림보 怠け者　먹보 食いしん坊

例 어렸을 때 맨날 울어서 별명이 **울보**였어요.

幼い時いつも泣いて、あだ名が泣き虫でした。

□□□ 615

죽음 / 주금 / 死

图 죽는 것. 생명이 사라지는 것.

死ぬこと。命が消えること。

≒ 사망 死亡 ⇔ 삶 生 탄생 誕生

源 죽다(死ぬ)+음(名詞化する語尾)

動 죽다 死ぬ

例 가까운 사람들의 **죽음**을 받아들이는 데는 시간이 필요해요.

身近な人の死を受け入れるには時間が必要です。

618語

□□□ 616

원래 / 월래 / 元々

图 剾 처음부터. 처음이나 이전의 상태.

始めから。始めや以前の状態。

⇔ 본래 本来

漢 元来・原来

例 삼촌은 **원래** 정직한 사람이었어요.

叔父は元々正直な人でした。

□□□ 617

윗사람 / 위싸람, 윈싸람 / 目上

图 자기보다 나이나 사회적 지위가 높은 사람.

自分より年齢や社会的地位が上の人。

⇔ 아랫사람 目下

源 위(上)+사람(人)

例 **윗사람**에게 존댓말을 써야 해요.

目上の人に尊敬語を使わなければなりません。

□□□ 618

음반 音楽アルバム、CD

图 음악이 여러 곡 들어 있는 시디나 레코드판.

複数の曲を収めたCDやレコード。

≒ 앨범 アルバム

漢 音盤

ⓘ 「音源」은 음원.

例 이번 주에 제가 좋아하는 그룹의 새 **음반**이 나와요.

今週、私の好きなグループの新しいアルバムが発売されます。

□□□ **619**

의욕

意欲、やる気

名 목표를 향해 노력하려는 마음이나 의지.

目標に向かって努力しよう
とする気持ちや意志。

의지 意志

名 冠形 의욕적 意欲的

例 부상 때문에 **의욕**을 잃었어요.

けがでやる気を失いました。

□□□ **620**

익다

/ 익따 / 実る、火が通る、漬かる

動 열매, 고기, 김치 등이 먹을 때가 되다.

実、肉、キムチなどが食べ
頃になる。

i 잘 익은 과일 よく熟れた果物　고기가 익다 肉が焼ける

動 익히다 実らす、調理する、漬かるようにする

例 김치가 아직 안 **익어서** 맛이 없어요.

キムチがまだ漬かっていない
ので、おいしくないです。

□□□ **621**

일정하다

一定だ

形 크기, 모양, 성질 등이 정해진 대로 변하지
않고 똑같다.

大きさ、形、性質などが決
められた通りで変わらず同
じだ。

≒ 규칙적이다 規則的だ　⇔ 불규칙하다 不規則だ

i 「一定にする」는 일정하게 하다.

例 퇴근 시간이 **일정하지** 않아서 만나기 어려워요.

退勤時間が一定ではないので、
会いにくいです。

□□□ **622**

커다랗다

/ 커다라타 / 非常に大きい

形 굉장히 크다.

ものすごく大きい。

⇔ 조그맣다 ちっちゃい

i [ㅎ変] 커다란/커다래요/커다라세요

例 소녀는 **커다란** 눈으로 아저씨를 쳐다봤어요.

少女は大きな目でおじさんを
見つめました。

230

□□□ **623**

장점 / 장쩜 / 長所

名 칭찬 받을 만큼 좋거나 잘하는 부분.

褒められるくらいよかったり、優れている部分。

≒ 강점 強み ⇔ 단점 短所　결점 欠点

例 이 제품의 가장 큰 **장점**은 가볍다는 점이다.

この製品の一番の長所は軽いということだ。

□□□ **624**

전날 前日

名 ① 바로 하루 앞의 날.

直前の日。

≒ 어제 昨日 ⇔ 다음 날 次の日

源 전(前)＋날(日)

例 대회 **전날**까지만 신청하면 됩니다.

大会の前日までに申し込めばいいです。

先日

② 얼마 전.

しばらく前。

≒ 지난번 この間 ⇔ 훗날 後日

ⓘ 조금 전 少し前 (1時間程度)

例 **전날**에 만났을 때는 괜찮아 보였어요.

先日会った時は元気そうでした。

□□□ **625**

죽이다 / 주기다 / 殺す

動 살아있는 것의 생명을 빼앗다.

生き物の生命を奪う。

빼앗다 奪う

≒ 살해하다 殺害する ⇔ 살리다 生かす

ⓘ 죽인다/죽이네는 「やばい (すごい)」の意味でよく使われる。

動 죽다 死ぬ

例 그 사람은 너무 착해서 벌레 한 마리 못 **죽여요**.

彼は優しすぎて、虫1匹殺せません。

□□□ 626

짙다 / 짇따 / 濃い

形 색이나 맛이 아주 확실하고 강하다.

色や味がとてもはっきりしていて強い。

≒ 진하다 濃い ⇔ 옅다/연하다 薄い

例 이 양복에는 색깔이 **짙은** 셔츠가 잘 어울려요.

このスーツには色の濃いシャツがとても似合います。

□□□ 627

켜지다 つく

動 (불, 전등) 빛이 나기 시작하다. (전기제품) 움직이기 시작하다.

(火、電灯が) 光り始める、(電気製品が) 動き始める。

⇔ 꺼지다 消える

動 켜다 つける(⇔끄다 消す)

例 밤새 연구실에 불이 **켜져** 있어요.

一晩中、研究室に電気がついています。

□□□ 628

태우다 燃やす、焦がす

動 ① 불을 붙여서 어떤 것을 재로 만들다. 또는 지나치게 익히다.

火をつけてある物を灰にする。または焼きすぎる。

재 灰

動 타다 燃える

例 전화하다가 생선을 **태우고** 말았어요.

電話をしていて魚を焦がしてしまいました。

乗せる

動 ② 말의 등이나 자동차, 자전거 등에 앉게 하다.

馬の背や車、自転車などに座らせる。

動 타다 乗る

例 저도 마침 강남에 가는데 **태워** 드릴까요?

私もちょうど江南に行くけど、お送りしましょうか。(車に乗せて差し上げましょうか。)

□□□ 629
꽤
かなり

副 생각했던 것 이상으로 상당히.
思っていた以上に相当。

상당히 相当、かなり

≒ 상당히 相当

ⓘ「とても」(副詞)：매우/아주/너무/참/몹시/무척。

例 모임에 나가서 **꽤** 흥미로운 이야기를 들었어요.
集まりに出て、かなり興味深い話を聞きました。

□□□ 630
검색
検索

名 인터넷 등으로 알고 싶은 정보를 찾는 것.
インターネットなどで知りたい情報を探すこと。

ⓘ 검색어 検索ワード　정보 검색 情報検索　인터넷 검색 ウェブ検索　검색창 検索ボックス

動 검색하다 検索する

例 약속 장소에 갈 때는 먼저 가는 방법을 **검색**해 보는 게 좋습니다.
約束の場所に行くときは、まず行き方を検索してみた方がいいです。

□□□ 631
경쟁
競争

名 어떤 목표를 위해 여러 사람이 겨루는 것.
ある目標のために複数の人が競うこと。

겨루다 競う

ⓘ 경쟁력 競争力　경쟁률 競争率　경쟁자 競争者

動 경쟁하다 競争する

例 **경쟁**의 좋은 점은 노력하는 마음을 가지게 한다는 것입니다.
競争のよい点は努力する心を持たせるということです。

□□□ 632
나서다
出る、乗り出す

動 앞으로 나와서 서다.
前に出て立つ。

⇔ 들어가다 入っていく

源 나다(出る)＋서다(立つ)

例 아직 제가 **나설** 차례가 아닌 것 같네요.
まだ私の出番ではないようです。

632語

233

□□□ **633**

거래

取引

🔲 서로 무엇을 주고받거나 사고파는 것.

互いに何かをやり取りしたり、売り買いすること。

漢 去来

ⓘ 거래처【去来処】取引先　거래소 取引所　거래명세서 取引明細書

動 거래하다 取引する

動 거래되다 取引される

例 필요없는 물건은 중고 **거래** 사이트를 통해서 팔려고 합니다.

必要ない物は中古取引サイトを通して売ろうと思います。

□□□ **634**

거절

拒絶、断わり

🔲 다른 사람의 부탁이나 선물을 받아들이지 않는 것.

他人からの頼みや贈り物を受け入れないこと。

≒ 거부 拒否　⇔ 승낙 承諾

漢 拒絶

動 거절하다 断わる　거절당하다 断わられる

例 친구가 여행을 가자고 했는데 **거절**했어요.

友達からの旅行の誘いを断わりました。

□□□ **635**

고민

悩み

🔲 걱정거리가 있어서 마음이 괴로운 것.

心配事があって心がつらいこと。

≒ 걱정 心配

漢 苦悶

ⓘ 고민거리 悩み事　고뇌【苦悩】

動 고민하다 悩む　고민되다 悩まれる

例 제 **고민**을 좀 들어 주시겠어요?

私の悩みを聞いていただけますか。

□□□ 636

날다

飛ぶ

動 **공중에 떠서 이동하다.**

空中に浮いて移動する。

공중에 뜨다 空中に浮かぶ

≒ 비행하다 飛行する

ⓘ ㄹ变 나는/날아요/나세요

諺 뛰는 놈 위에 나는 놈 있다. (走る者の上に飛ぶ者がいる。)
上には上がいる。
「飛んでいく」は날아가다。

名 날개 翼

動 날리다 飛ばす

例 새처럼 하늘을 **날** 수 있었으면 좋겠다.

鳥のように空を飛べたらいいな。

□□□ 637

낡다

/ 낙따 / 古い

形 **오랫동안 써서 물건이 허름하다.**

物が古くなり、古ぼける。

허름하다 みすぼらしい、古い

≒ 오래되다 古い ⇔ 새롭다 新しい

ⓘ 「古い」오래되다と낡다 : 오래되다 歴史を感じさせる古さのこと。낡다 使い古したような古さ。
例 : 오래된 물건 (昔からある) 古い物
낡은 물건 (使い古した) 古い物

例 휴대폰 케이스가 너무 **낡아서** 새것을 사고 싶어요.

携帯のケースが古くなりすぎて
新しいものを買いたいです。

□□□ 638

낮다

/ 낟따 / 低い

形 **기준보다 아래에 있다.**

基準より下にある。

⇔ 높다 高い

ⓘ 눈이 낮다 (目が低い) 見る目がない
「背が低い」は키가 작다。(×키가 낮다)

例 물은 높은 곳에서 **낮은** 곳으로 흐른다.

水は高いところから低いところ
へ流れる。

□□□ 639

낫다

/ 낟따 / 治る

動 ① 병이 좋아지다. 다쳐서 상처 난 곳이
회복되다.

病気がよくなる。けがをし
て傷ができたところが回復
する。

회복되다 回復 (される)する

ⓘ [ㅅ 変] 낫는/나아요/나으세요

例 머리가 아팠는데 두통약을 먹었더니 다 **나았어요**.

頭が痛かったけれど、頭痛薬を
飲んだらすっかり治りました。

勝る、よりよい

形 ② 둘 이상을 비교했을 때 어느 한쪽이 더
좋다.

二つ以上を比較した時、あ
る一方の方がもっとよい。

ⓘ [ㅅ 変] 나은/나아요/나으세요

例 이 둘 중에 어느 쪽이 더 **나을까요**?

この二つのうち、どちらがより
よいでしょうか。

□□□ 640

낳다

/ 나타 / 産む

動 ① 태아를 몸 밖으로 내보내다.

胎児を体の外に出す。

태아 胎児　내보내다 出す

≒ 출산하다 出産する

ⓘ 「生まれる」는 태어나다.

例 한국에서는 엄마가 아기를 **낳은** 후에 미역국을 먹습니다.

韓国ではお母さんが赤ちゃんを産んだ後、わかめスープを飲みます。

生む

動 ② 어떤 행동이 어떤 결과를 가져오다.

ある結果を導く。

≒ 초래하다【招来-】

ⓘ 거짓이 거짓을 낳다는 「うそがうそを呼ぶ」의 意味。

例 이 일이 어떤 결과를 **낳을지** 궁금해요.

このことがどんな結果をもたらすか知りたいです。

640語

◉ 漢字語

韓国語には日本語と同じように、中国から来た漢字語がたくさん使われています。韓国語の漢字は基本的に一文字、一音です。発音は日本語の音読みに当たり、多くの発音が規則的に対応するので分かりやすいですよ。

例 生　생맥주 生ビール、학생 学生、생일 (誕)生日、생산 生産

日本語では「生」の読み方には、せい、しょう、き、いき (る)、う (む)、お (う)、な (る)、なま、などがありますが、韓国語では「セイ」の発音に類似する「생」と読みます。漢字の読み方が分かれば、習っていない単語でも音から意味を推測したり、覚えやすくなったりします。

・「先生」は선생? 성샌? 선샌? 성생?
韓国語の漢字は全て1音節で読みます。ですから、日本語の音読みが2音節になるものも、韓国語では1音節となり、その時は次のようにパッチムが規則的に対応します。

日本語	韓国語のパッチム	例	
－く、－き	ㄱ	学 학　薬 약	駅 역　特 특
－ん	ㄴ, ㅁ	先 선　感 감　観 관	心 심　山 산
－つ、－ち	ㄹ	日 일　発 발	出 출　術 술
長母音 －う、－ (え)い	ㅇ, なし	生 생　動 동　週 주　注 주	登 등　中 중　小 소

●クイズ

次の漢字に該当するハングルを選んでみましょう。

1. **数学**　　　　① 수합　　　　② 수학

2. **観光**　　　　① 광관　　　　② 관광

3. **鉄道**　　　　① 천도　　　　② 철도

4. **風景**　　　　① 풍경　　　　② 푼겸

5. **博物館**　　　① 박물관　　　② 방문관

스테이지 9

인내는 쓰나 열매는 달다.
忍耐は苦くても実は甘い。

□□□ **641**

녹다 /녹따/ 溶ける、解ける

🔟 **고체가 열을 받아서 액체가 되다.**

固体が熱を受けて液体にな
る。

고체 固体 액체 液体

⇔ 얼다 凍る

ⓘ 설탕이 녹다 砂糖が溶ける 얼음이 녹다 氷が解ける

🔟 녹이다 溶かす

例 지구온난화의 영향으로 빙하가 **녹고** 있습니다.

地球温暖化の影響で氷河が解
けています。

□□□ **642**

녹음 /노금/ 録音

🔟 **소리를 기계에 기록하는 것.**

音声を機械に記録すること。

ⓘ 녹음기능 録音機能 녹음기 録音機
「録画」は녹화。

🔟 녹음하다 録音する

🔟 녹음되다 録音される

例 증거를 남기기 위해 대화를 **녹음**하는 게 좋겠어요.

証拠を残すために対話を録音
した方がいいですよ。

□□□ **643**

놀랍다 /놀랍따/ 見事だ、驚きだ

🔟 **감동하거나 놀랄 정도로 대단하다.**

感動したり驚くほどすごい。

대단하다 すごい

ⓘ [ㅂ変] 놀라운/놀라워요/놀라우면

🔟 놀라다 驚く

例 의학 기술은 **놀라운** 발전을 하고 있습니다.

医療技術は驚くべき発展を遂
げています。

□□□ 644

농촌

農村

图 **주로 농업을 하는 사람들이 사는 지역.**

主に農業をしている人たちが住んでいる地域。

농업 農業

ⓘ 【農】이 붙는 単語에 농산물 (農産物)、농약 (農薬)、농부 (農夫)。
【村】이 붙는 単語에 산촌 (山村)、어촌 (漁村) 등.
논 田 밭 畑

例 **농촌** 인구가 점점 줄어서 큰 문제가 되고 있습니다.

農村の人口がだんだん減って大きな問題になっています。

□□□ 645

놓치다

/ 녿치다 / 逃がす、落とす

颐 **적당한 시기나 물건을 잡지 못하고 잃다.**

適当な時期や物をつかめられなくて失う。

⇔ 붙잡다 つかむ

ⓘ 기회를 놓치다 機会を逃す 버스를 놓치다 バスを逃す
범인을 놓치다 犯人を逃す

動 놓다 放す

例 막차를 **놓치지** 않으려고 빨리 달렸어요.

終電を逃さないように速く走りました。

□□□ 646

늙다

/ 늑따 / 老いる、老ける

颐 **오래 살아서 노인이 되다.**

長く生きて老人になる。

≒ 나이가 들다/나이를 먹다 年を取る ⇔ 젊다 若い

ⓘ 「老人」은 노인。お年寄りを丁寧に呼ぶ時は어르신と言う。

图 늙은이 年寄り

图 늙음 老いること

例 멋지게 **늙은** 배우를 보면 부럽습니다.

格好よく老いた俳優を見たらうらやましいです。

□□□ **647**

단순하다

/ 단순하다, 단수나다 / 単純だ

形 **간단하고 심플하다.**

簡単でシンプルだ。

심플하다 シンプルだ

⇔ 복잡하다 複雑だ

副 단순히 単純に、単に

例 문제가 복잡할수록 **단순하게** 생각해야 한다.

問題が複雑なほど単純に考えるべきだ。

□□□ **648**

단정하다

断定する

動 ① **틀림없다고 생각하고 정하다.**

間違いないと考えて決める。

≒ 확정하다 確定する

名 冠形 단정적 断定的

例 아직은 그 사람이 범인이라고 **단정할** 수는 없습니다.

まだあの人が犯人だと断定することはできません。

端正だ

形 ② **외모가 깔끔하고 태도가 점잖다.**

外見が整っていて態度がおとなしい。

깔끔하다 整っている、すっきりしている 점잖다 おとなしい

例 면접을 볼 때는 **단정한** 옷차림으로 가는 게 좋아요.

面接を受ける時は端正な服装で行くのがいいです。

□□□ **649**

단체

団体

名 **사람들의 조직이나 집단.**

人々の組織や集団。

≒ 그룹 グループ ⇔ 개인 個人

① 민간단체 民間団体 공공단체 公共団体 단체 여행 団体旅行
단체 예약 団体予約

例 몇 명 이상이면 **단체** 할인을 받을 수 있나요?

何人以上で団体割引を受けることができますか。

244

□□□ 650

담다
/ 담따 / 盛る、入れる

動 물건이나 음식 등을 봉지나 용기 속에 넣다.

物や食べ物などを袋や容器の中に入れる。

≒ 넣다 入れる

ⓘ 접시에 담다 お皿に盛る

動 담기다 盛られる

例 손님, 물건을 봉지에 **담아** 드릴까요?

お客様、品物を袋にお入れしましょうか。

□□□ 651

답답하다
/ 답따파다 / もどかしい

形 ① 일이 원하는 대로 되지 않아서 안타깝다.

物事が望む通りにいかなくて残念だ。

안타깝다 もどかしい、残念だ

例 취직할 회사가 좀처럼 정해지지 않아서 **답답해요.**

就職する会社がなかなか決まらなくてもどかしいです。

息苦しい

② 공간이 비좁거나 막힌 느낌이 있어서 마음이 불편하다.

空間が狭かったり、ふさがっていて気持ちが苦しい。

비좁다 狭い

ⓘ 「胸がつかえる、苦しい」は가슴이 답답하다。

例 이 방은 창문이 없어서 너무 **답답해요.**

この部屋は窓がないのでとても息苦しいです。

□□□ 652

당연하다
/ 당연하다, 당여나다 / 当然だ、当たり前だ

形 누가 생각해도 일반적으로 그렇다.

誰が考えても一般的にそうだ。

≒ 물론이다 もちろんだ　마땅하다 当然だ

ⓘ 당연한 결과 当然の結果

副 당연히 当然

例 나쁜 일을 했으면 벌을 받는 것은 **당연하지요.**

悪いことをしたら罰を受けるのは当然でしょう。

□□□ 653

당황하다

当惑する、慌てる

動 예상 못한 일이 생겨서 어떻게 할지 모르다.

予想しないことが起きて、どうしたらよいか分からない。

漢 唐慌-

形 당황스럽다 当惑する

例 미팅에서 전 남자친구를 보고 정말 **당황했어요**.

合コンで元カレを見て本当に慌てました。

□□□ 654

모집

募集

名 널리 알려서 조건에 맞는 것을 구하는 것.

広く知らせて、条件に合うものを求める。

구하다 求める

ⓘ 신입생 모집 안내 新入生募集案内　작품 모집 作品募集

動 모집하다 募集する

例 아르바이트 **모집** 광고를 보고 전화했는데요, 아직 **모집** 중인가요?

アルバイト募集広告を見てお電話しましたが、まだ募集中ですか。

□□□ 655

밉다 / 밉따 / 憎い、憎らしい

形 ① 하는 행동이 마음에 들지 않고 싫다.

やっている行動が気に入ら
なくて嫌だ。

⇔ 사랑스럽다 愛らしい

ⓘ [ㅂ変] 미운/미워요/미우면

諺 미운 정 고운 정 다 들었다 (憎い情、優しい情が両方移った)
　長い付き合いの中、憎めなくなる。

動 미워하다 嫌う

名 미움 憎しみ

例 화만 내는 아버지가 **미웠지만** 지금은 그때가 그리워요.

怒ってばかりいる父が憎かっ
たけど、今はあの時が懐かしい
です。

醜い

形 ② 얼굴이 못생겼다. 물건의 겉모양이 좋지 않다.

顔が不細工だ。物の見た目
がよくない。

겉모양 見た目

≒ 못생기다 不細工だ　⇔ 잘생기다 ハンサムだ　예쁘다 きれいだ

ⓘ [ㅂ変] 미운/미워요/미우니까 (醜いので)
　미운 오리 새끼 みにくいアヒルの子 (童話のタイトル)

例 화내면 **미운** 얼굴이 되니까 화내지 마.

怒ったら醜い顔になるから怒ら
ないで。

□□□ 656

두껍다 / 두껍따 / 厚い、分厚い

形 물건의 한 면에서 반대쪽 면까지의 사이가 멀다.

物のある面から反対側の面
までの距離が遠い。

⇔ 얇다 薄い

ⓘ [ㅂ変] 두꺼운/두꺼워요/두꺼워서 (厚くて)
　얼굴이 두껍다/낯두껍다 (顔が厚い、面の皮が厚い) 図々しい

名 두께 厚さ

例 이 소설책은 **두꺼워서** 읽는 데 시간이 걸릴 것 같아요.

この小説は分厚いから読むの
に時間が掛かりそうです。

656語

□□□ 657

소매치기

スリ

名 남의 주머니나 가방에서 돈이나 물건을 훔치는 것이나 사람.

他人のポケットやかばんからお金や所持品を盗み取ることやその人。

훔치다 盗む

ⓘ 「スリに遭う」は소매치기를 당하다。

源 소매(袖)＋치다(ひったくる、奪い取る)　昔は物を袖に入れたので、袖のものをこっそり取ることを言う。

例 여행을 할 때 **소매치기**를 당하지 않도록 조심해야 돼요.

旅行する時、スリに合わないように気を付けなければなりません。

□□□ 658

소원

願い、望み、希望、願望

名 진심으로 이루어지기를 바라고 원하는 것.

真心からかなうことを望んで願うこと。

진심 真心　이루어지다 かなう

ⓘ 소원을 빌다で「(願いを) 祈る」。

漢 所願

動 소원하다 祈る、願う

例 새해 첫날 일출을 보고 한 해 **소원**을 빌었다.

新年初日、日の出を見て1年の願いを祈った。

□□□ 659

속상하다

/ 속쌍하다 /　悔しい、つらい

形 화가 나거나 걱정돼서 마음이 불편하고 괴롭다.

腹が立ったり心配で、もどかしくて苦しい。

≒ 괴롭다 つらい　실망스럽다 がっかりする

漢 -傷-

例 가고 싶은 콘서트 표를 사지 못해서 너무 **속상해요**.

行きたいコンサートのチケットを買えなくてとても悔しいです。

□□□ **660**

손잡이 　　　　　　　　　　 / 손자비 / 取っ手、ハンドル、つり革

> 名 **손으로 어떤 것을 잡거나 열거나 들 수 있게 만든 부분.**

手である物をつかめたり、開けたり持つことができるように作った部分。

662語

ⓘ 잡이가 付く単語には오른손잡이 (右利き)、왼손잡이 (左利き) もある。

源 손(手)＋잡이(取り)

例 짐을 들고 있어서 버스 **손잡이**를 잡기가 어려웠다.

荷物を持っているので、バスのつり革をつかむのが難しかった。

□□□ **661**

손질하다 　　　　　　　　/ 손질하다, 손지라다 / 手入れする、下処理する

> 動 **손으로 잘 정리해서 다듬다.**

手でよく整理して、下ごしらえする。

　　　　　　　　　　　　　　　　 다듬다 下ごしらえする

名 손질 手入れ

例 해물전을 만들려고 오징어와 새우를 **손질했어요**.

海鮮チヂミを作ろうとイカとエビを下ごしらえしました。

□□□ **662**

솔직하다 　　　　　　　　　　 / 솔찌카다 / 率直だ、正直だ、素直だ

> 形 **거짓이나 숨기는 것이 없고 바르다.**

隠し事がなく正しい。

　　　　　　　　　　　　　　　　 숨기는 것 隠し事

≒ 숨김없다 隠し事がない　정직하다 正直だ

例 질문에 **솔직하게** 대답해 주세요.

質問に正直に答えてください。

□□□ **663**

생생하다

みずみずしい、生き生きしている

形 ① 시들거나 상하지 않고 매우 신선하다.

しおれたり腐ったりせず、とても新鮮である。

시들다 しおれる

≒ 신선하다 新鮮だ

例 비가 와서 그런지 마당의 꽃들이 **생생하네요**.

雨が降ったからなのか、庭の花が生き生きしてますね。

生々しい、鮮明だ

形 ② 기억이나 생각이 마치 지금 일어난 일처럼 선명하다.

記憶や考えがまるで今起こったかのように鮮明だ。

≒ 뚜렷하다, 선명하다 鮮明だ

ⓘ 생생하다는, うれしい記憶、嫌な記憶どちらにも使える。

副 생생하게 生々しく

例 십 년이나 지났지만 아직도 그 일은 내 마음 속에 **생생하게** 남아 있다.

10年も過ぎたけれど、まだそのことは私の心の中に鮮明に残っている。

□□□ **664**

식습관

/ 식씁관 / 食習慣

名 음식과 관련된 자주 반복되는 습관.

食べることと関連するよく繰り返される習慣。

관련되다 関連する

ⓘ 「生活習慣」は생활 습관。

源 식(食)+습관(習慣)

例 현대인은 잘못된 **식습관** 때문에 성인병에 걸리기 쉽다.

現代人は間違った食習慣のために生活習慣病にかかりやすい。

□□□ **665**

신도시

新都市

名 (집값 안정을 위해) 대도시 주변에 계획적으로 개발한 새로운 주택지.

(住宅価格の安定のために)大都市の周辺に計画的に開発した新しい住宅地。

대도시 大都市　계획적 計画的　개발하다 開発する　주택지 住宅地

源 신(新)+도시(都市)

例 정부는 주택 문제를 해결하기 위해 **신도시**를 개발중이다.

政府は住宅問題を解決するために新都市を開発中だ。

□□□ 666
신세대

新世代、若者

图 새로운 세대로 흔히 개성이 뚜렷한 20대
이하의 젊은 세대를 말함.

新しい世代で、よく個性が
はっきりした20代以下の世
代を言う。

⇔ 구세대 旧世代　기성세대 既成世代

源 신(新)＋세대(世代)

例 **신세대**들과 친해지려고 줄임말을 검색해 봤어요.

新世代と仲よくなろうと、略語
を検索してみました。

□□□ 667
실력

実力

图 어떤 일을 실제로 해낼 수 있는 능력.

物事を実際に成し遂げられ
る能力。

실제로 実際に

≒ 능력 能力

ⓘ 실력자 実力者　실력파 実力派

例 아이돌은 노래의 **실력**뿐만 아니라 연기도 잘해야 한다.

アイドルは歌の実力だけでは
なく、演技も上手にできなけれ
ばならない。

□□□ 668
실용적

/ 시룡적 /　実用的

图 冠形 실제로 쓰기에 알맞은 것.

実際の用に適すること。

例 이 아파트는 인테리어와 구조가 **실용적**이에요.

このマンションはインテリアと
間取りが実用的です。

□□□ 669
실패하다

失敗する

動 원하는 좋은 결과를 얻지 못하다.

望んだよい結果を得られな
い。

≒ 실수하다 ミスする　망하다 滅びる、台無しになる、駄目になる

⇔ 성공하다 成功する

图 실패 失敗

例 한 번 **실패했지만** 절대 포기하지 않을 거예요.

一度失敗したけど、絶対に諦め
ません。

□□□ **670**

실험
/ 실험, 시럼 / 実験

名 이론, 가설 등이 맞는지 실제로 해 보는 것.

理論、仮説などが正しいかどうか、実際に試してみること。

이론 理論 가설 仮説

≒ 시험 試験

ⓘ 실험실 実験室 동물 실험 (시험) 動物実験 (試験)

動 실험하다 実験する

例 선생님, **실험** 수업은 어떤 기준으로 평가를 하나요?
先生、実験の授業はどんな基準で評価をしますか?

□□□ **671**

쏟다
/ 쏟따 / こぼす

動 용기에 담겨있는 물이나 음식이 밖으로 나와 버리다.

容器に入っている水や食べ物が外に出てしまう。

動 쏟아지다 こぼれる、こぼれ落ちる

例 테이블 위의 커피를 실수로 **쏟았어요**.
テーブルの上のコーヒーを誤ってこぼしました。

□□□ **672**

쑥스럽다
/ 쑥쓰럽따 / 照れくさい、気恥ずかしい

形 자연스럽지 못해서 부끄럽다.

不自然なので、恥ずかしい。

ⓘ [ㅂ変] 쑥쓰러운 / 쑥쓰러워요 / 쑥쓰러우세요

≒ 부끄럽다, 창피하다 恥ずかしい ⇔ 당당하다 堂々とする

例 처음 만나는 사람에게 먼저 말을 거는 것이 무척 **쑥스럽다**.
初めて会う人に先に話しかけることはとても気恥ずかしい。

□□□ **673**

쓸데없이
/ 쓸떼업씨 / 無駄に、余計に

副 아무 의미도 가치도 없이.

何の意味も価値もなく。

≒ 공연히 なんとなく、訳もなく 괜히 訳もなく

例 **쓸데없이** 시간만 낭비하지 말고 하던 일을 계속 하자.
無駄に時間だけ浪費しないで、やっていた仕事を続けよう。

□□□ 674

쓰러지다

倒れる

動 **한쪽으로 쏠리어 넘어지거나 무너지다.**

一方に傾いて倒れたり、壊れる。

쏠리다 傾く

≒ 넘어지다 転ぶ

動 쓰러뜨리다 倒す

例 태풍으로 나무가 **쓰러지는** 등 피해가 크다고 합니다.

台風で木が倒れるなど被害が大きいそうです。

□□□ 675

씩씩하다

/ 씩씨카다 / りりしい、雄雄しい

形 **행동이 힘이 있고 당당하다.**

行動が力強く堂々としている。

당당하다 堂々とする

≒ 늠름하다 りりしい 용감하다 勇敢だ

例 조카가 어느새 커서 **씩씩한** 군인이 되었다.

甥がいつの間にか大きくなってりりしい軍人になった。

□□□ 676

안타깝다

/ 안타깝따 / 哀れだ、気の毒だ

形 **뜻대로 돼지 않아서 불쌍하고 답답한 느낌이 있다.**

思い通りになっておらず、かわいそうで苦しい感覚がある。

≒ 아쉽다 残念だ、未練がましい、惜しい

ⓘ [ㅂ 変] 안타까운 / 안타까워요 / 안타까우세요

例 오랫동안 준비한 시합을 포기하게 되서 너무 **안타깝네요.**

長い間準備してきた試合を諦めることになって、とても気の毒です。

□□□ 677

약혼자

/ 야콘자 / 婚約者

名 **결혼을 하기로 약속한 상대.**

結婚の約束をした相手。

漢 約婚者

ⓘ 약혼녀【約婚女】フィアンセ

例 친구가 자기 **약혼자**를 소개해 주었다.

友達が自分の婚約者を紹介してくれた。

□□□ **678**
야경
夜景

🔲 높은 곳에서 보는 밤의 경치.

高い所から見る夜の景色。

例 서울에 가면 남산서울타워의 **야경**은 꼭 봐야 해요.

ソウルに行ったら南山ソウルタワーの夜景は必ず見るべきです。

□□□ **679**
얌전하다
/ 얌전하다, 얌저나다 /　物静かだ、おとなしい

🔲 성격이나 태도가 침착하고 단정하다.

性格や態度が静かで落ち着いている。

침착하다 落ち着いている　단정하다 端正だ
≒ 차분하다 落ち着いている　조용하다 物静かだ
⇔ 활발하다 活発だ
副 얌전히 おとなしく

例 우리 강아지는 **얌전한데** 남자를 보면 짖어요.

うちのワンちゃんはおとなしいけれど、男の人を見ると吠えます。

□□□ **680**
엄격하다
/ 엄껴카다 /　厳格だ、厳しい

🔲 실패나 실수를 조금도 용서하지 않고 철저하다.

失敗や過ちを少しも許さないで徹底している。

철저하다 徹底している

例 학교에서의 선후배 예절은 **엄격한** 편이에요.

学校での先輩後輩の礼儀は厳しい方です。

□□□ **681**
엉뚱하다
とんでもない、突飛だ

🔲 짐작하거나 상식적으로 생각했던 것과 전혀 다르다.

思ったり、常識に考えたのと全く違う。

짐작하다 推量する、考える　상식적 常識的

例 그 사람은 겉모습과는 다르게 **엉뚱한** 데가 있다.

その人は見た目と違って、とんでもないところがある。

□□□ **682**

여전히
/ 여전히, 여저니 / 依然として、相変わらず

> 🔢 **변하지 않고 전과 똑같이.**

変わらずに以前と同じように。

≒ 변함없이 変わらず

685語

例 십 년 만에 만난 그녀는 **여전히** 아름다웠어요.

10年ぶりに会った彼女は相変わらず美しかったです。

□□□ **683**

예술
芸術

> 🔢 **아름다움을 표현하려고 하는 창작 활동.**

美しさを表現しようとする創作活動。

창작 創作

ⓘ 예술가 芸術家　예술품 芸術品

名 冠形 예술적 芸術的

例 엄마의 음식 솜씨는 거의 **예술**이라고 할 수 있다.

母の料理の腕前は、ほとんど芸術だと言える。

□□□ **684**

오히려
かえって、逆に

> 🔢 **예상과는 전혀 반대가 되거나 다르게.**

予想とは全く反対になるか違って。

≒ 도리어 かえって　차라리 むしろ、いっそ

例 대단한 일도 아닌데 이렇게 칭찬을 하시니까 제가 **오히려** 부끄럽네요.

大したことないのに、このように褒められるとむしろ私が恥ずかしいですね。

□□□ **685**

외교관
外交官

> 🔢 **외국에서 나라를 대표하여 외교 업무를 담당하는 공무원.**

外国で国を代表して外交業務を担当する公務員。

ⓘ 「大使館」는 대사관、「領事館」는 영사관。

例 내 친구는 **외교관**이 되기 위해서 국제정치에 대해서 열심히 공부하고 있다.

わたしの友達は外交官になるために国際政治について一生懸命勉強している。

□□□ **686**

편식

偏食

名 골고루 먹지 않고 좋아하는 것만 먹는 것.

まんべんなく食べないで、好きな物だけ食べること。

골고루 まんべんなく

動 편식하다 偏食する

例 **편식**을 고쳐 보려고 요리를 배우기 시작했어요.

偏食を直そうと料理を習い始めました。

□□□ **687**

한꺼번에

/ 한꺼버네 / いっぺんに、一気に

副 여러 번에 나누지 않고 한 번에 전부.

数回に分けないで一度に全部。

≒ 한번에 一度に ⇔ 여러 번에 数回に

例 **한꺼번에** 하지 말고 몇 번에 나눠서 할까요?

いっぺんにしないで、何回かに分けてしましょうか。

□□□ **688**

환영하다

/ 화녕하다 / 歓迎する

動 새로 온 사람을 기쁜 마음으로 반갑게 맞이하다.

新しく来た人をうれしい気持ちで喜んで迎える。

≒ 반기다 (人を)喜んで迎える ⇔ 환송하다【歓送-】歓送する

ⓘ 환영회 歓迎会 환송회 歓送会 송별회 送別会

名 환영 歓迎

例 우승한 선수들을 **환영하기** 위해서 모두 모였어요.

優勝した選手たちを歓迎するために皆、集まりました。

□□□ **689**

효과

/ 효과, 효꽈 / 効果

名 목적을 가지고 한 일 때문에 나타난 좋은 결과.

目的を持った行為のため表れた、いい結果。

名 冠形 효과적 効果的

例 방학 동안 다이어트를 했는데, 전혀 **효과**가 없었어요.

学校の休みの間、ダイエットをしましたが、全然効果がありませんでした。

□□□ **690**

힘껏　　　　　　　　/ 힘껃 /　精いっぱい、ぐいと

📖 있는 힘을 다 써서, 최대한 세게.

ある力を全て使って、最大限強く。

≒ 꼭 しっかり　꽉 ぎゅっと　⇔ 살살 そっと、軽く

ⓘ 接尾辞 -껏は「～の及ぶ限り」。
例 : 마음껏 思い切り　정성껏 丁寧に

源 힘(力)＋껏(及ぶ限り)

例 **힘껏** 밀었지만 그 문은 전혀 움직이지 않았어요.

力いっぱい押したけれど、そのドアは全然動きませんでした。

□□□ **691**

통역　　　　　　　　通訳

📛 다른 언어를 쓰는 사람들 사이에서 상대방의 언어로 말을 바꿔 전하는 일.

違う言語を使う人たちの間で、相手の言語にして話を伝えること。

ⓘ 동시통역 同時通訳　번역 翻訳

動 통역하다 通訳する

例 이번 회의에서 일본어 **통역**을 맡게 되었어요.

この会議で日本語の通訳を担当することになりました。

□□□ **692**

이웃　　　　　　　　/ 이욷 /　隣、隣人

📛 (내가) 사는 집에서 가까운 집이나 거기 사는 사람.

(自分の) 家の近所やそこに住んでいる人。

ⓘ 이웃 사촌 近所の親しい人　이웃 나라 隣国　이웃 동네 隣の町

例 **이웃**들이 모여 동네 공원을 청소하기로 했어요.

近所の人々が集まって町の公園を掃除することにしました。

□□□ **693**

원하다

/ 원하다, 워나다 / 望む、欲しい、欲する

動 자기 것으로 만들고 싶다. 필요로 하다.
(그렇게 되기를) 바라다.

自分のものにしたい。必要とする。(そうなることを)望む。

≒ 소원하다【所願-】望む   희망하다 希望する

漢 願-

ⓘ 「かばんが欲しい」가방을 갖고 싶다/사고 싶다。

例 **원하는** 것을 다 말해 보세요.

望むことを全て言ってみてください。

□□□ **694**

육아

/ 유가 / 育児、子育て

名 어린아이를 건강하고 안전하게 돌보고
키우는 것.

乳幼児を健康で安全に世話をして育てること。

돌보다 世話をする   키우다 育てる

≒ 보육 保育

ⓘ 「面倒を見る」는 돌보다/기르다。

例 둘째 아이 때는 **육아** 휴가를 신청하려고 해요.

二人目の子どもの時は育児休暇を申請しようと思っています。

□□□ **695**

응급실

/ 응급씰 / 救命救急室、救急室

名 병원에서 상태가 위험하고 기다릴 시간이
없는 환자를 치료하는 곳.

病院で、状態が危なく待つ時間がない患者を治療する所。

상태 状態

漢 応急室

ⓘ 구급약 救急薬   구급차 救急車

源 응급(応急)＋실(室)

例 밤중에 갑자기 쓰러진 지수는 **응급실**로 실려 갔다.

夜中、急に倒れたジスは救急室に運ばれていった。

□□□ 696

이따가

後ほど、後で

📖 조금 시간이 지난 뒤에.

少し時間が経った後。

≒ 이따 後で　나중에 後で(不確実)　다음에 今度

ⓘ 発音が同じ있다가는「居て (から)」の意味。
例 : 여기 잠깐만 있다가 갈게요. (ここに少し居てから行きます。)

例 지금은 좀 바쁘니까 **이따가** 얘기해요.

今は少し忙しいので、後で話し
ましょう。

□□□ 697

자격증

/ 자격쯩 /　資格証

📛 그 일에 필요한 능력과 조건이 된다는 것을
보여주는 것.

そのことに必要な能力や条
件が十分であることを示す
もの。

조건 条件

ⓘ 자격증/자격을 따다 資格を取る

源 자격(資格)＋증(証)

例 한 달 전에 미용사 **자격증**을 땄어요.

一カ月前、美容師の資格を取り
ました。

□□□ 698

잘하다

/ 잘하다, 자라다 / できる、うまい

動 ① 아주 좋고 고칠 곳 없이 괜찮게 하다.

とてもよく、直す所なく立派にする。

⇔ 못하다 下手だ

ⓘ 「~が上手だ」は ~을 잘하다.

例 새로 온 알바생이 일을 아주 **잘해요**.

新しく来たアルバイトの学生はとても仕事ができます。

頻繁にする

動 ② 습관처럼 몇 번이나 반복하다.

習慣のように何回も繰り返す。

반복하다 繰り返す

≒ 자주 하다 よくする（行う）

例 지각을 **잘해서** 오늘도 선생님한테 혼났어요.

よく遅刻するので、今日も先生に叱られました。

優しい

動 ③ 상대방의 몸과 마음을 편하게 해 주다.

相手の体と心を楽にしてあげる。

ⓘ 「~が／~に優しい」は、~이／가 ~에게 잘하다.

例 올해부터는 아내에게 **잘하겠다고** 마음 먹었다.

今年からは妻に優しくすると決めた。

260

□□□ 699

절

寺

名 ① 불교의 가르침을 전하는 곳.

仏教の教えを伝える所。

701語

≒ 사찰 寺刹　사원 寺院

ⓘ 절-불교 寺-仏教　교회-기독교 教会-キリスト教
　성당-천주교 聖堂-カトリック（天主教）

例 어머님께서는 **절**에 다니세요.

母はお寺に通っています（仏教
の信者です）。

お辞儀、礼

名 ② 바닥에 무릎을 꿇고 머리를 숙여서 하는
인사.

床にひざまずいて頭を下げ
てするあいさつ。

무릎을 꿇다 ひざまずく　머리를 숙이다 頭を下げる

≒ 경례 敬礼

動 절하다 お辞儀をする

例 아버지의 산소를 찾아가 **절**을 올렸어요.

父のお墓を訪れてお辞儀をし
ました。

□□□ 700

치르다

挙げる、行う

動 힘들고 어렵지만 대단히 중요한 행사 등을
잘 끝내다.

大変で難しいが、とても重要
な行事などを無事に終わら
せる。

ⓘ 「お葬式、結婚式を挙げる」は 장례식 / 결혼식을 치르다。

例 가족끼리 조용하게 장례를 **치르는** 사람들이 많아졌어요.

家族だけで静かにお葬式をす
る人が多くなりました。

□□□ 701

지치다

疲れる、くたびれる

形 힘든 일을 하거나,고민이나 걱정이 많아서
힘이 없어지다.

きつい仕事をしたり、悩み
や心配事が多くて元気がな
くなる。

例 공부에 **지친** 수험생들에게 무료 이벤트를 준비했어요.

勉強に疲れた受験生たちに無
料イベントを用意しました。

□□□ **702**

채우다

詰める、満たす

🔲 한 공간에 무엇인가를 넣어서 가득하게 만들다.

一定の空間に何かを入れて、いっぱいになるようにする。

가득하다 いっぱいだ

⇔ 비우다 空ける、空にする

🔲 차다 満ちる

🔲 그는 자신이 좋아하는 것들로 방 안을 가득 **채웠어요**.

彼は自分の好きなもので部屋の中をいっぱいにしました。

□□□ **703**

틈

割れ目、間

🔲 ① 물건들 사이의 아주 좁은 공간.

物の間のとても狭い空間。

ⓘ「間が開く」는 틈이 생기다 / 벌어지다.

🔲 우리도 사람들 **틈**에서 싸움을 구경했어요.

私たちも人々の中からけんかを見ていました。

暇、間

🔲 ② 어떤 일을 할 수 있는 짧은 동안.

あることができる短い間。

ⓘ「暇ができる、手が空く」는 틈이 나다 / 틈나다.

🔲 너무 바빠서 책 읽을 **틈**이 없어요.

とても忙しすぎて本を読む暇がないです。

□□□ **704**

퍼지다

広がる、広まる

🔲 (물체나 정보 등이) 여러 곳에 전해지다.

(物や情報などが) いろいろな所に伝わる。

≒ 확산되다 拡散される

ⓘ 전염병이 퍼지다 伝染病が広がる

🔲 퍼뜨리다 広める

🔲 나쁜 소문이 **퍼져서** 아무도 우리 회사에 오려고 하지 않아요.

悪いうわさが広まって、誰もうちの会社に来ようとしません。

□□□ 705

펴다

広げる、伸ばす

🔂 접힌 것, 주름 등을 원래대로 평평하게 하다.

畳んであるもの、シワなど
を元のように平らにする。

평평하다 平らだ

≒ 펼치다 広げる ⇔ 접다 折る (빨래를) 개다 (洗濯物を) 畳む

例 점원은 선반의 옷을 **펴서** 내게 보여 주었어요.

店員は棚の服を広げて私に見
せてくれました。

□□□ 706

홍수

洪水

🔂 비가 많이 내려서 강물이 갑자기 한꺼번에
많이 불어나는 것.

雨が多く降って川の水が急
に、一気にたくさん増える
こと。

한꺼번에 一気に 불어나다 増える

ⓘ 재해 災害 지진 地震 태풍 台風 가뭄 日照 폭우 大雨

例 지구온난화에 따른 기후 변화로 **홍수**와 가뭄이 자주 일어나고
있어요.

地球温暖化による気候変化で
洪水や渇水が頻繁に起こって
います。

□□□ 707

잔소리하다

小言を言う

🔂 상대에게 안 해도 되는 말이나 몇 번이나 한
말을 계속하다.

相手に言わなくてもいいこ
と、何回も言ったことを言
い続ける。

ⓘ 「(妻が夫に) ぐちをこぼす」는 (부인이 남편에게) 바가지를
긁다라고 한다.

名 잔소리 小言

例 하숙집 아주머니는 우리에게 빨리 자라고 **잔소리했다**.

下宿のおばさんは私たちに早
く寝るようにと小言を言った。

□□□
708
젊은이 / 절므니 / 若者

名 일반적으로 10대 후반에서 30대 초반의
사람.

一般的に10代後半から30
代前半の人。

초반【初盤】前半

≒ 젊은 사람 若い人　청년 青年　⇔ 늙은이 年寄り　노인 老人

源 젊은(若い)＋이(「人」を意味する名詞化接尾辞)

例 남녀노소<男女老少>는 남자와 여자, 늙은이와 **젊은이**라는
뜻으로, 모든 사람을 의미한다.

「老若男女」は男と女、年寄りと
若者という意味で、全ての人を
意味する。

□□□
709
존경 尊敬

名 그 사람의 인격, 생각, 행동 등을 훌륭하다고
인정하고 받드는 것.

その人の人格、考え、行為な
どを優れていると認めて敬
うこと。

인정하다 認める　받들다 敬う

動 존경하다 尊敬する

例 김 교수님은 많은 학생들에게 **존경**을 받고 있어요.

キム教授は多くの学生から尊
敬されています。

□□□
710
대신 代わり

名 어떤 역할을 다른 사람이나 물건이 대리로
하는 것.

ある役割を他の人や物が代
理ですること。

대리 代理

漢 代身

諺 꿩 대신 닭 (キジの代わりに鶏)
適当なものがない場合、それに似たものを代わりにする。

動 대신하다 代わる

例 이번 주는 친구 **대신** 아르바이트를 하게 됐어요.

今週は友達の代わりにアルバ
イトをすることになりました。

□□□ 711
던지다

投げる

動 어떤 것을 손으로 들어서 멀리 날리다.

ある物を手で持って遠くに飛ばす。

날리다 飛ばす

⇔ 받다 受け取る

ⓘ 돌을 던지다 (石を投げる) 非難する

例 아버지가 **던진** 야구공을 아들이 받았어요.

お父さんが投げた野球ボールを息子が捕りました。

□□□ 712
덜다

分ける、減らす

動 어떤 것에서 일부를 떼서 양을 적게 하다.

あるものの一部を取って量を少なくする。

⇔ 더하다 足す

ⓘ ㄹ変 더는/덜어요/더세요

例 혼자서는 다 먹을 수 없으니까 그릇에 **덜어서** 먹을게요.

一人では食べきれないので皿に分けて食べますね。

□□□ 713
도망

逃亡

名 피하거나 달아나서 다른 곳으로 가는 것.

避けたり、逃げて他の場所に行くこと。

달아나다 逃げる

≒ 도주 逃走

ⓘ 「逃亡者」는 도망자。

動 도망가다 逃げる

例 용의자는 무인도로 **도망**을 갔지만 결국 잡혔다고 합니다.

容疑者は無人島へ逃亡しましたが、結局捕まったそうです。

□□□ 714
돌아보다

/ 도라보다 / 振り返る、振り向く

動 얼굴을 뒤쪽으로 향해서 보다.

顔を後ろへ向けて見る。

≒ 뒤돌아보다 振り向く

源 돌다(回る)+보다(見る)

例 뒤에서 누가 내 이름을 불러서 **돌아봤어요**.

後ろから誰かが私の名前を呼んだので振り返りました。

□□□ **715**

동료

/ 동뇨 / 同僚、仲間

名 **같은 회사에서 근무하는 사람.**

同じ会社で勤務している人。

ⓘ 「上司」は상사、「部下」は부하。

例 퇴근 후에 **동료**와 한잔하기로 했어요.

退勤後、同僚と一杯することにしました。

□□□ **716**

동서양

東西洋 (東洋と西洋)

名 **동양과 서양. 전세계.**

東洋と西洋のこと。全世界。

ⓘ 동양 東洋　서양 西洋

例 이번 해외여행에서 **동서양**의 문화차이를 느낄 수 있었어요.

今回の海外旅行で東西の文化の違いを感じることができました。

□□□ **717**

동창회

同窓会

名 **같은 학교를 졸업한 사람들의 친목회.**

同じ学校を卒業した人たちの親睦会。

친목회 親睦会

ⓘ 「同窓生、同級生」は동창생、「先輩」は선배、「後輩」は후배。

源 동창(同窓)＋회(会)

例 **동창회**에 가서 어릴 때 짝사랑했던 친구를 만났어요.

同窓会に行って子どもの時片思いをしていた友達に会いました。

□□□ **718**

드물다

まれだ、珍しい

形 **자주 있는 일이 아니고 흔하지 않다.**

よくあることではなく、珍しい。

≒ 희소하다 希少だ　⇔ 흔하다 よくある

ⓘ [ㄹ 変] 드문/드물어요/드무세요
　흔한 일 よくあること　드문 일 まれにあること

副 드물게 まれに

例 개기월식은 극히 **드문** 현상입니다.

皆既月食はごくまれな現象です。

□□□ 719

따다

取る、摘む

勔 ① 가지 등에 달려 있는 것을 손으로 떼다.

枝などに付いている物を手で取る。

720語

달려 있다 付いている 떼다 取る、取り外す

ⓘ 딸기/포도를 따다 いちご／ブドウを取る

例 지난주에 농장에 가서 딸기**따기** 체험을 했어요.

先週、農場に行っていちご狩り体験をしました。

取る

勔 ② 전문 분야에 관한 자격을 취득하거나
점수를 얻다.

専門分野に関する資格を取得したり点数を得る。

전문 분야 専門分野 자격을 취득하다 資格を取得する

≒ 취득하다 取得する

ⓘ 면허를 따다 免許を取る

例 고등학교를 졸업한 후에 운전면허를 **땄어요**.

高校を卒業した後に運転免許を取りました。

□□□ 720

땅

地、土地、地面

图 농사를 짓거나 집을 짓거나 할 수 있는 토지.

農業をしたり家を建てたりできる土地。

농사를 짓다 農業をする 집을 짓다 家を建てる

≒ 육지 陸地 토지 土地

ⓘ 땅값 地価 땅바닥 地べた 땅속 地中 땅굴 横穴 トンネル
하늘과 땅 차이 天と地ほどの差

諺 땅 짚고 헤엄치기 (地に手をついて泳ぐ) 朝飯前

例 아버지는 **땅**을 빌려서 주말농장을 하고 계세요.

お父さんは土地を借りて週末農業 (市民農園) をしています。

●間違えやすい表現③

・좋아하다と좋다の前の助詞

> 좋아하다[動詞] : (〜が)好きだ

> 좋다[形容詞] : (〜が)よい

    〜을/를 좋아하다

            〜이/가 좋다

例 가: 무슨 과일을 좋아하세요?   どんな果物がお好きですか?
　 나: 저는 사과를 좋아해요.   リンゴが好きです。

　 가: 무슨 과일이 좋으세요?   果物は何がよろしいですか?
　 나: 사과가 좋아요.   リンゴがいいです。

　 친구는 사과를 좋아해요.   友達はリンゴが好きです。

＊ この場合、사과가 좋아요とは言わないので注意!

・助詞「で」が、手段の(으)로、場所のではない場合

혼자서 一人で

例 저 혼자(서) 할 수 있어요.   私一人でできます。
　 세 사람이(서) / 셋이(서) 갔어요. 3人で行きました。
　 한 개에 100엔입니다.   一つで100円です。

・〜から〜まで

場所	〜에서 〜까지
時間	〜부터 〜까지

例　도쿄에서 서울까지 비행기로 시간은 얼마나 걸려요?
　　東京からソウルまで飛行機で、時間はどれぐらいかかりますか？

　　오후 2시부터 5시까지 아르바이트가 있어요.
　　午後2時から5時までアルバイトがあります。

＊〜에서부터：範囲の始まる時点やある行動の出発点を表す。
　한 시에서부터 두 시 사이에 전화가 올 거예요. 1時から2時の間に電話がくると思います。

●間違えやすい表現④

・音や意味の微妙な違い

□ **밥**을 **먹다**	ご飯を食べる	□ **식사**를 하다	食事をする
□ **가르치다**	教える	□ **가리키다**	指す、示す
□ **잊어버리다**	忘れる（記憶）	□ **잃어버리다**	なくす（物）
□ **편리하다**	便利だ	□ **편하다**	楽だ
□ **바라다**	願う	□ **바래다(주다)**	見送る
□ **수선하다**	修繕する、お直しする	□ **수리하다**	修理する
□ **대접하다**	もてなす	□ **접대하다**	接待する
□ **돌아가다**	帰る	□ **돌아가시다**	亡くなる（敬語）
□ **화가 나다**	腹が立つ、むかつく	□ **화를 내다**	腹を立てる、怒る

스테이지 10

열 번 찍어 안 넘어가는 나무 없다.
10回切って倒れない木はない。

□□□ 721

미혼

未婚

名 아직 결혼하지 않은 상태.

まだ結婚していない状態。

⇔ 기혼 既婚

ⓘ 결혼 結婚　이혼 離婚　재혼 再婚　미혼모 未婚の母
싱글맘 シングルマザー

例 조사에 의하면 **미혼** 남녀의 결혼에 대한 생각이 변하고 있다고
합니다.

調査によると未婚男女の結婚
に対する考えが変わっている
そうです。

□□□ 722

떨리다

震える

動 빠르게 계속 흔들리다.

素早く続けて揺れる。

흔들리다 揺れる

≒ 흔들리다 揺れる　진동하다 振動する

名 떨림 震え

例 발표를 할 때 긴장해서 목소리가 **떨렸어요.**

発表する時、緊張して声が震え
ました。

□□□ 723

떼다

離す、剥がす

動 스티커나 포스터 등 어딘가에 붙어 있는
것을 벗겨내다.

ステッカーやポスターなど、
どこかにくっついているも
のを離す。

벗겨내다 剥ぎ取る

≒ 떨어뜨리다 離す　⇔ 붙이다 付ける

ⓘ 시치미를 떼다는 「とぼける、しらを切る」。

例 선물을 포장하기 전에 가격표를 **떼는** 것을 깜빡했어요.

プレゼントを包装する前に価
格表を剥がすのをうっかり忘
れました。

272

□□□ 724

마음대로

思う通りに、気ままに、勝手に

📖 자기가 하고 싶은 대로, 자유롭게.

自分がやりたいように、自由に。

≒ 뜻대로 思いのままに

ⓘ 마음대로 하다 好きなようにする 실컷 思う存分
제멋대로 好き勝手に
縮約形は맘대로。

源 마음(心)＋대로(通りに)

例 여기에 있는 것은 **마음대로** 가져 가도 됩니까?

ここにある物は好きなように持っていってもいいですか。

□□□ 725

마침

ちょうど、たまたま

📖 딱 맞게 우연히.

ぴったり合うように偶然。

우연히 偶然

≒ 때마침 ちょうどよく

例 배가 고팠는데 **마침** 엄마가 간식을 가지고 와 주셨어요.

お腹が空いていた時に、ちょうどお母さんがおやつを持ってきてくれました。

□□□ 726

마치

まるで、あたかも

📖 다른 것에 비유해서 표현하자면.

他のものに例えて表現するなら。

비유하다 例える 표현하다 表現する

ⓘ 처럼/듯 (ように)、같다 (ようだ) などと一緒に使われることが多い。
例 : 호수가 마치 거울 같다 (湖がまるで鏡のようだ)

例 무대 위의 그 가수는 **마치** 밤하늘의 별처럼 반짝반짝 빛났다.

舞台の上のあの歌手は、まるで夜空の星のようにキラキラと輝いた。

□□□ **727**

면도

そること、ひげそり

名 **수염이나 잔털을 깎는 것.**

ひげや産毛をそること。

수염 ひげ 잔털 産毛

漢 面刀

ⓘ 면도기 シェーバー 면도칼 かみそり

動 면도하다 そる

例 형은 요즘 **면도**를 안 해서 마치 산적 같아요.

兄は最近ひげそりをしてないので、まるで山賊みたいです。

□□□ **728**

막다

/ 막따 / ふさぐ、遮る

動 **통하지 못하게 하다.**

通れないようにする。

≒ 방해하다 妨害する

動 막히다 ふさがる

例 짐이 길을 **막고 있어서** 지나갈 수가 없어요.

荷物が道をふさいでいるので通ることができません。

□□□ **729**

맡다

/ 맏따 / 受け持つ、担当する

動 **어떤 일이나 역할 등을 담당하다.**

ある仕事や役割を担当する。

담당하다 担当する

≒ 담당하다 担当する

動 맡기다 任せる、預ける

例 모임의 간사를 **맡고 있어서** 해야 할 일이 많아요.

集まりの幹事を担当しているので、やらなければならない仕事が多いです。

□□□ **730**

멈추다

止まる、停まる

動 **중지하거나 그만두다.**

中止したり、止める。

≒ 서다 止まる 그만하다 止める

名 멈춤 止まること、停止

例 큰 소리가 들려서 갑자기 하던 일을 **멈추었어요**.

大きな音が聞こえたので、やっていた仕事を止めました。

274

□□□ **731**

모습

容貌、姿、様子

图 **사람이나 물건의 생긴 모양**

人や物の姿。

≒ 생김새 姿、外見

ⓘ 겉모습 外見 뒷모습 後ろ姿 앞모습 前から見た姿
본모습 素顔

例 그의 **모습**이 보이지 않을 때까지 손을 흔들었어요.

彼の姿が見えなくなるまで手を振りました。

□□□ **732**

목표

目標

图 **목적을 위하여 해야 할 구체적인 것.**

구체적 具体的

目的のためにしなければならない具体的なこと。

≒ 목적 目的

ⓘ 올해의 목표 今年の目標 목표 달성 目標達成

例 최종 **목표**는 6급 시험에 합격하는 거예요.

最終目標は6級の試験に合格することです。

□□□ **733**

몸무게

体重

图 **체중계 위에 섰을 때 알 수 있는 수치.**

체중계 体重計 수치 数値

体重計の上の立った時、分かる数値。

≒ 체중 体重

ⓘ 몸무게를 재다 体重を量る

源 몸(体)＋무게(重さ)

例 매일 **몸무게**를 재는 것은 다이어트에도 좋대요.

毎日体重を量るのはダイエットにもよいそうです。

□□□ **734**

묵다

/묵따/ 泊まる

動 **자기 집이 아닌 곳에서 머무르다.**

머무르다 とどまる

自分の家ではない所でとどまる。

≒ 숙박하다 宿泊する

ⓘ 「一泊二日」는 1박 2일。

例 한국에 가면 어디에서 **묵을** 예정이에요?

韓国に行ったらどこで泊まる予定ですか。

묻다

/ 묻따 /　問う、聞く、尋ねる

動 ① 질문을 해서 답을 요구하다.

質問をして答えを要求する。

≒ 질문하다 質問する

ⓘ ㄷ変 묻는 / 물어요 / 물으세요
　길을 묻다 道を尋ねる

名 물음 問い

例 모르는 게 있으면 언제든지 **물어** 보세요.

分からないことがあったら、いつでも聞いてください。

付く

動 ② 이물질이 달라붙다.

異物が付着する。

달라붙다 くっつく

ⓘ 規則動詞 묻는 / 묻어요 / 묻으면 (付いたら)
　손에 잉크가 묻다 手にインクが付く

動 묻히다 付ける

例 어머, 준수 씨 얼굴에 뭐가 **묻었네요**.

あら、ジュンスさんの顔に何か付いてますね。

埋める

動 ③ 어떤 곳에 물건을 넣고 흙 등으로 덮다.

ある所に物を入れて、土などで覆う。

흙 土　덮다 かぶせる

ⓘ 規則動詞 묻는 / 묻어요 / 묻으면 (埋めたら)
　뼈를 땅에 묻다 骨を土に埋める

名 무덤 墓

動 묻히다 埋められる

例 초등학교 운동장에 타임캡슐을 **묻은** 기억이 있어요.

小学校の校庭にタイムカプセルを埋めた記憶があります。

739語

□□□ **736**

물리다

かまれる、刺される

🎬 **이빨로 세게 눌리거나 벌레에게 찔리다.**

歯で強く押されたり虫に刺される。

벌레 虫　찔리다 刺される

ⓘ 개한테 물리다 犬にかまれる　벌레 물리다 虫に刺される

🎬 물다 かむ

例 모기한테 **물린** 곳이 너무 가려워요.

蚊に刺されたところがとてもかゆいです。

□□□ **737**

미끄러지다

滑る

🎬 **미끌미끌한 장소에서 밀려서 넘어지다.**

つるつるの場所で押されて転倒する。

미끌미끌하다 つるつるする

ⓘ 미끄럼틀은 「滑り台」。

形 미끄럽다 滑らかだ

例 목욕탕에서 **미끄러져서** 허리를 다쳤어요.

お風呂で滑って腰を痛めました。

□□□ **738**

미루다

後回しにする、先送りする

🎬 **해야 할 일을 나중에 하기로 하다.**

やるべき事を後ですることにする。

≒ 늦추다 遅らせる

ⓘ 「延期する」는 연기하다.

例 어려운 문제는 뒤로 **미루고** 쉬운 문제부터 풀었어요.

難しい問題は後回しにして簡単な問題から解きました。

□□□ **739**

욕심쟁이

/ 욕씸쟁이 / 欲張り

🏷 **욕심이 많은 사람을 낮춰서 부르는 말.**

欲の深い人を見下して呼ぶ言葉。

사람을 낮추다 人を見下す

ⓘ ~쟁이는 「〜な人」의 意味.
例：수다쟁이 おしゃべり　멋쟁이 おしゃれさん
거짓말쟁이 うそつき　개구쟁이 いたずらっ子　겁쟁이 怖がり

源 욕심(欲張り)＋쟁이(〜な人)

例 언니는 무엇이든 최고가 아니면 만족을 못하는 **욕심쟁이**이다.

姉は何でも一番でなければ満足のできない欲張りだ。

□□□ **740**

용기

勇気

名 겁이 없는 씩씩한 마음.

物事を恐れない強い心。

겁이 없다 恐れない　씩씩하다 りりしい

(i) 용기를 내다 勇気を出す　용기가 나다 勇気が出る

動 용감하다 勇敢だ

例 형은 실패를 겁내지 않는 **용기** 있는 사람이다.

兄は失敗を恐れない勇気のある人だ。

□□□ **741**

바닥

平面、底、床

名 사람이 밟고 걷는 아래쪽의 평평한 부분.

人が踏んで歩く下部の平らな部分。

밟다 踏む　평평하다 平らだ

(i) 방바닥 床　밑바닥 底　땅바닥 地べた
「底をつく」는 바닥나다.

例 접시가 **바닥**에 떨어져서 깨져 버렸어요.

お皿が床に落ちて割れてしまいました。

□□□ **742**

백신

ワクチン

名 전염병에 대한 면역력을 기르기 위해 인공적으로 만든 약품.

伝染病に対する免疫力を育てるために、人工的に作った薬品。

전염병 伝染病　면역력 免疫力　인공적 人工的　약품 薬品

(i) 「予防」는 예방、「ウィルス」는 바이러스.

例 전염병의 확산을 막기 위해 **백신** 보급을 서두르고 있다.

感染症の拡散を防ぐため、ワクチンの普及を急いでいる。

□□□ **743**

바퀴

輪、車輪

名 자동차 등의 밑부분에 달려 이동을 편리하게 하는 둥근 물건.

車などの下の部分に付いて、移動を便利にする丸い物。

둥글다 丸い

(i) 바퀴벌레는 「ゴキブリ」。

例 자동차 **바퀴**에 체인을 감아서 눈길에서도 미끄러지지 않았다.

車輪にチェーンを巻いたので雪道でも滑らなかった。

□□□ 744

밝히다

/ 발키다 / 照らす

動 ① 불을 켜서 어두운 곳을 밝게 하다.

あかりをつけて暗いところを明るくする。

形 밝다 明るい

例 가로등이 어두운 골목길을 **밝혀** 주고 있다.

街灯が暗い路地を照らしている。

明らかにする、証する

動 ② 사실이나 옳고 그름을 따져서 알아내다.

事実や是非を問い詰めて探り出す。

따지다 問い詰める　알아내다 探り出す、突き止める

例 정부는 코로나 19 감염 경로를 **밝히기** 위해 여러가지 대책을 마련하였다.

政府はコロナ感染経路を明らかにするためにさまざまな対策を用意した。

□□□ 745

배려

配慮、気配り

名 관심을 가지고 돕거나 보살펴 주려고 신경을 씀.

関心を持って、助けたり面倒を見ようと神経を使うこと。

보살피다 面倒を見る

ⓘ 배려심 配慮心

動 배려하다 配慮する

例 **배려** 깊은 태도만 봐도 그가 어떤 사람인지 알 수 있었다.

思いやりのある態度だけみても、彼がどんな人なのか分かった。

□□□ 746

길거리공연

路上ライブ

名 사람들이 많이 다니는 길거리에서 여는 공연.

人が多い道端で開く公演。

≒ 버스킹 (busking)大道芸、路上ライブ

例 주말마다 **길거리공연**이 있는 홍대 앞에는 사람들이 많이 모여 있었다.

毎週末路上ライブがある弘大前には、人が多く集まっていた。

747

발명

発明

图 **없던 물건이나 기술을 처음으로 생각해서 만들어 내는 것.**

なかった物や技術を初めて
考えて作り出すこと。

ⓘ **발명가** 発明家　**발명품** 発明品

動 **발명하다** 発明する

例 김 박사는 새로운 **발명**을 하기까지 수많은 실패를 했다.

キム博士は新しい発明をする
まで多くの失敗をした。

748

분실

紛失、なくすこと

图 **가지고 있던 물건 따위를 잃어버림.**

持っていた物などをなくす
こと。

따위 など、類

ⓘ **분실물【紛失物】** 忘れ物、落とし物　**분실물 센터** 忘れ物センター

動 **분실하다** 紛失する（＝**잃어버리다** なくす、失う）

例 카드 **분실** 신고는 어디서 하나요?

カードの紛失届はどこでします
か。

749

비만

肥満

图 **몸이 평균적인 기준 이상으로 살이 찌는 것.**

体が平均的な基準以上に太
ること。

평균적 平均的　**살이 찌다** 体に肉がつく

ⓘ **통통하다**는「太っている、ぽっちゃりしている」。

例 의사와 상담을 하고 **비만** 치료를 받았어요.

医者と相談をして、肥満治療を
受けました。

□□□ 750

사회생활

社会生活

⟨名⟩ 사회의 일원으로서 여러 사람들과 관계를
맺으면서 하는 공동생활.

社会の一員として、複数の
人と関係を結びながら行う
共同生活。

공동생활 共同生活

ⓘ 생활【生活】이 붙는 단어에 학교생활【学校生活】、직장생활【職場生活】、문화생활【文化生活】、취미 생활【趣味生活】 등.

⟨源⟩ 사회(社会)+생활(生活)

⟨例⟩ 그는 이제 **사회생활**을 할 수 있을 정도로 병이 나은 것 같아요.

彼はもう社会生活ができるほ
ど病気が治ったようです。

□□□ 751

상가

商業施設、商店街

⟨名⟩ 가게들이 한곳에 모여 있는 건물이나 거리.

店が一カ所に集まっている
建物や通り。

⟨漢⟩ 商家／商街

ⓘ 지하상가 地下商店街
商店街、アーケードのことも상가【商街】と言う。

⟨例⟩ 아파트 앞 **상가**에 서점이 새로 생겼대요.

アパートの前の商店街に書店
が新しくできたそうです。

□□□ 752

설문조사

アンケート、調査

⟨名⟩ 통계 자료를 얻기 위해 어떤 주제에 대해
묻는 조사.

統計資料を得るために、あ
るテーマについて尋ねる調
査。

앙케이트 조사 アンケート調査　**통계 자료** 統計資料

⟨漢⟩ 設問調査

ⓘ 설문지는 「アンケート用紙」のこと。

⟨源⟩ 설문(設問)+조사(調査)

⟨例⟩ 신제품의 기능에 대한 **설문 조사** 결과가 나왔다.

新製品の機能に関するアンケー
ト結果が出た。

□□□ **753**

사건 / 사껀 / 事件

名 **관심이나 주목을 끌 만한 뜻밖의 일.**

関心や注目を引くような思いがけない出来事。

뜻밖 생각밖에, 意外な

≒ 사고 事故

漢 事件

名 副 사사건건【事事件件】 ことごとに、いつでも

例 드디어 사기 **사건**의 주범이 잡혔다.

ついに詐欺事件の犯人が捕まった。

□□□ **754**

사교육

私教育

名 **개인이나 학원과 같은 기관에서 사비로 하는 교육.**

個人や塾などの機関で自費で行う教育。

사비 自費

⇔ 공교육 公教育

ⓘ 사교육비 私教育費
⇒대입학원 大学入試塾　피아노학원 ピアノ教室
영어학원 英語塾

例 아이들의 **사교육**에 들어가는 돈이 큰 부담이다.

子どもたちの私教育費にかかるお金が大きな負担だ。

□□□ **755**

사고방식

考え方

名 **문제에 대해서 생각하는 방향이나 방법, 태도.**

問題について考える方向や方法、態度。

漢 思考方式

例 만나면 만날수록 **사고방식**에 커다란 차이가 있다는 걸 느꼈어.

会えば会うほど考え方に大きな差があることが分かった。

□□□ 756

사귀다

付き合う、交際する

動 서로 가까운 관계로 만들어서 친하게
지내다.

お互い親しい関係を作って、
仲よくする。

친하게 지내다 仲よくする

≒ 교제하다 交際する　연애하다 恋愛する　만나다 会う

ⓘ 남자/여자 친구와 사귀다 彼氏／彼女と付き合う
사귀는 여자/남자 친구 付き合っている彼女／彼氏
친구를 사귀다는「友達を作る」。

例 두 사람이 **사귄** 지 꽤 오래됐어요.

二人が付き合ってかなり長い
です。

□□□ 757

사라지다

なくなる、消える

動 (어떤 현상이나 흔적 등이) 시야에서 안
보이게 되다.

(ある現象や痕跡などが) 視
野からなくなる。

현상 現象　흔적 痕跡　시야 視野

≒ 없어지다

例 조금 전까지 여기 있었던 가방이 감쪽같이 **사라져** 버렸어요.

さっきまでここにあったかばん
が跡形もなく消えてしまいまし
た。

□□□ 758

서두르다

急ぐ

動 일을 빨리 끝내려고 급하게 움직이다.

用を早く済ませようと慌た
だしく動く。

ⓘ (르変) 서두르는/서둘러요/서두르세요

例 남편은 중요한 미팅이 있어서 **서둘러** 집을 나갔다.

夫は重要なミーティングがある
ので、急いで家を出た。

□□□ **759**

사망

死亡

名 **사람이 죽는 것.**

人が死ぬこと。

≒ 죽음 死　돌아가시다 亡くなられる　세상을 떠나다 世を去る

ⓘ 사망자 死亡者　사망률 死亡率

動 사망하다 死亡する

例 그 영화배우의 **사망** 원인이 아직도 밝혀지지 않고 있다.

その映画俳優の死亡原因はまだ明らかになってない。

□□□ **760**

소모품

消耗品

名 **종이나 볼펜처럼 쓰면 닳거나 없어져서 재구입이 필요한 물건.**

紙やボールペンのように、使うと減ったりなくなるので再購入が必要な品物。

닳다 すり減る　재구입 再購入

≒ 일회용품 使い捨て　일회용품【一回用品】使い捨て

源 소모 (消耗)＋품 (品)

例 사무실에서 쓰는 **소모품**을 절약합시다.

オフィスで使う消耗品を節約しましょう。

□□□ **761**

손해

/ 손해, 소내 /

損害

名 **물질적으로나 정신적으로 피해를 입음.**

物質的、精神的に被害を被ること。

피해를 입다 被害を被る

≒ 손실 損失　불이익 不利益

ⓘ「損をする、損害を受ける」は손해를 보다／입다。
　손해 배상 損害賠償　손해 보험 損害保険

例 아르바이트생이 계산을 잘못해서 가게가 **손해**를 봤어요.

アルバイトの人が計算を間違えてお店が損をしてしまいました。

284

764語

□□□ 762
소비
消費

名 물건이나 돈, 힘, 시간 등을 사거나 써서 없애는 것.

お金や物、力、時間などを買ったり使ってなくすこと。

ⓘ 소비자 消費者　소비세 消費税　소비량 消費量

動 소비하다 消費する

例 최근 건강에 관한 관심이 높아지면서 채소의 **소비**가 늘고 있다.

最近、健康に関する関心が高まり、野菜の消費が増えている。

□□□ 763
수입
収入

名 ① 벌어서 내 것으로 만든 돈.

稼いで自分の物にしたお金。

≒ 급여 給料　⇔ 지출 支出

ⓘ 「月給」는 월급, 「時給」는 시급.

例 지수는 **수입**의 반은 저축을 하고 있다.

ジスは収入の半分は貯蓄をしている。

輸入

名 ② 다른 나라의 물건이나 기술 등을 사서 국내로 가져 오는 것.

他の国の物や技術などを買って国内に持ってくること。

⇔ 수출 輸出

ⓘ 수입품 輸入品　국산품 国産品

動 수입하다 輸入する

例 우리나라는 석유를 거의 **수입**에 의존하고 있다.

わが国は石油をほどんど輸入に頼っている。

□□□ 764
수수료
手数料

名 어떤 일을 대신 해 준 대가로 지불하는 돈.

あることを代わりにしてくれた対価として、支払うお金。

대가 代償、対価　지불하다 支払う

例 예약을 취소하시면 **수수료**를 내셔야 합니다.

予約をキャンセルすると手数料を払わなければならない。

□□□ **765**

수학여행 / 수항녀행 / 修学旅行

名 학생들이 교사의 지도를 받으며 하는 여행.

生徒・学生が教師の指導の もとで行う旅行。

ⓘ 졸업 여행은 「卒業旅行」。

源 수학(修学)+여행(旅行)

例 **수학여행** 때 선생님과 찍은 기념 사진을 보니 옛 생각이 난다.

修学旅行のとき先生と撮った 記念写真を見ると昔のことを 思い出す。

□□□ **766**

시집가다 / 시집까다 / 嫁に行く

動 여자가 결혼해서 남자의 집에 들어가는 것. 그 사람의 아내가 되는 것.

女性が結婚して、男性の家 に嫁ぐこと。その人の妻に なること。

≒ 결혼하다 結婚する ⇔ 장가가다 めとる

ⓘ 시집, 시댁 (夫の実家) 친정 (妻の実家)

源 시집(夫の実家)+가다(行く)

例 누나가 **시집가서** 미국에서 살고 있어요.

姉がお嫁に行ってアメリカで 住んでいます。

□□□ **767**

식료품 / 싱뇨품 / 食料品

名 음식의 재료가 되는 것.

食べ物の材料になるもの。

≒ 식재료 食材料 식품 食品 먹거리 食べ物

源 식료(食料)+품(品)

例 저는 요즘 **식료품**도 인터넷으로 주문해요.

私は最近食料品もインターネッ トで注文します。

□□□ 768

신분증 / 신분쯩 / 身分証明書

770語

🔡 학교, 회사, 기관 등에서 신분이나 소속을 증명해 주는 문서나 카드.

学校、会社、機関などで身分や所属を証明してくれる文書やカード。

ⓘ 사원증 社員証　주민등록증 住民登録証　보험증 保険証
　운전면허증 運転免許証　외국인등록증 外国人登録証

源 신분(身分)+증(証)

例 **신분증**이 없으면 들어가실 수 없습니다.

身分証明書がないと入ることはできません。

□□□ 769

안내문 案内文

🔡 어떤 내용을 소개하거나 알려 주는 글.

ある内容を紹介したり、知らせる文書。

ⓘ 안내 방송은 「案内放送」。

源 안내(案内)+문(文)

例 행사 **안내문**을 홈페이지에 올렸으니까 확인해 주세요.

イベントの案内文をホームページに上げたので、確認してください。

□□□ 770

안색 顔色

🔡 얼굴에 나타나는 표정이나 얼굴 색.

顔に現れる表情や顔色。

≒ 혈색 血色

源 안(顔)+색(色)

例 무슨 일 있어요? **안색**이 별로 안 좋아 보여요.

どうしたんですか。顔色があまりよくないです。

□ □ □ 771

알아보다

/ 아라보다 / 調べる

動 ① 모르는 것을 알기 위해 조사하거나 살펴보다.

知らないことを知るために調査したり観察したりする。

≒ 조사하다 調査する

例 여행을 가고 싶어서 **알아보고** 있는데 좋은 곳이 있을까요?

旅行に行きたくて調べているけど、いい所ありますか。

見分ける

動 ② 무엇을 보고 구별하여 알다.

何かを見て、区別して知ること。

≒ 찾다 探す

ⓘ 알아보다는 「見て分かる (見分ける)」、못 알아보다는 「見分けできない、識別できない」、알아듣다는 「聞いて分かる (理解する)」。

例 오랜만에 만난 친구가 살이 빠져서 **알아보지** 못 했어요.

久しぶりに会った友達が痩せたので、見て分かりませんでした。

□ □ □ 772

역할

/ 여칼 / 役割、役

名 자신이 맡은 일이나 직책, 또는 배우가 영화나 드라마에서 연기하는 인물.

自分が受け持ったことや職責、または俳優が映画やドラマで演じる人物。

≒ 임무 任務　소임 役目

例 이번 드라마에서 변호사 **역할**을 맡게 됐다.

今回のドラマで弁護士の役割を引き受けた。

□□□ **773**

주유소

ガソリンスタンド

名 자동차나 오토바이에 기름을 넣거나 세차를
하러 가는 가게.

自動車やバイクにオイルを
入れたり、洗車に行く店。

세차 洗車

漢 注油所

ⓘ 「ガソリン」は기름 (油)、석유 (石油)、휘발유 (揮発油)。

例 **주유소**에 가서 차에 기름을 가득 넣었어요.

ガソリンスタンドに行って、車
にガソリンを満タンに入れまし
た。

□□□ **774**

취하다

酔う

動 술 등을 마셔서 머리가 멍해지고 몸을 잘
움직일 수 없게 되다.

酒などを飲んで意識がぼうっ
として、正常に動けなくなる。

ⓘ 「車酔い」は차멀미。

例 어제는 술에 **취해서** 친구들이 집까지 데려다 줬어요.

昨日は酒に酔って、友達が家ま
で送ってくれました。

□□□ **775**

위반하다

/ 위반하다, 위바나다 / 違反する

動 법, 명령 등을 무시하고 하라는 대로 하지
않다.

法、命令などを無視して、言
われた通りにしない。

≒ 어기다 破る ⇔ 지키다 守る

名 위반 違反

例 얼마 전에 운전하다가 속도를 **위반해서** 벌금을 냈어요.

少し前に運転していて、スピー
ドを違反して罰金を払いました。

□□□ **776**

음력

/ 음녁 / 陰暦、旧暦

名 달을 기준으로 날짜를 세는 달력.

月を基準にして日付を数え
る暦。

⇔ 양력 陽暦

例 오늘은 **음력**으로 몇 월 며칠이에요?

今日は旧暦で何月何日ですか?

□□□ 777

응원

应援

□□□ 778

名 열심히 노력하는 사람을 격려하는 일.

一生懸命に努力している人
を激励すること。

격려하다 励ます

≒ 격려 激励　성원 声援

ⓘ よく使う掛け声に파이팅!（ファイト!）、힘내라!（頑張れ!）、
잘한다!（その調子!）など。

動 응원하다 応援する

例 우리 선수들을 위해 모두가 열심히 **응원**을 했어요.

私たちの選手たちのために皆
が一生懸命応援しました。

이루다

成す、果たす

動 결과를 만들어 내거나 해내다.

結果を生み出したり、遂げ
る。

≒ 달성하다 達成する　이룩하다 成す

例 열심히 노력해서 드디어 꿈을 **이뤘어요**.

一生懸命努力して、ついに夢を
叶えました。

□□□ 779

자존감

自己肯定感

名 자기 자신을 소중하게 생각하는 감정.

自分自身を大事に思う感情。

漢 自尊感

例 사랑을 많이 받고 자란 아이들은 **자존감**이 높습니다.

たくさん愛されて成長した子
どもたちは、自己肯定感が高い
です。

□□□ 780

자존심

プライド、自尊心

名 상대에게 지지 않으려는 마음.

相手に負けないようにする
心。

漢 自尊心

例 먼저 사과하는 것은 내 **자존심**이 허락하지 않아요.

先に謝ることは私のプライドが
許さないです。

□□□ 781

장마

梅雨

名 **여름에 며칠이나 계속해서 많이 내리는 비나 그 시기.**

夏にたくさん何日も降り続く雨やその時期。

ⓘ 장마철 梅雨時　장마전선 梅雨前線

例 올해 **장마**에는 비가 별로 안 왔어요.

今年の梅雨はあまり雨が降りませんでした。

□□□ 782

재산

財産

名 **가지고 있는 돈, 땅, 건물 등등.**

所有している金、土地、建物など。

≒ 재물 財物

ⓘ 재산을 날리다 財産を使い果たす　재산을 물려주다 財産を譲る
재산을 물려받다 財産を譲り受ける

例 **재산**이 넉넉해서 먹고사는 데에는 걱정이 없어요.

財産が十分なので、生活には心配ないです。

□□□ 783

재주

才能

名 **무엇을 잘할 수 있는 능력이나 기술.**

何かがうまくできる能力や技。

⇔ 재능 才能

ⓘ 손재주 腕前　글재주 文才

例 그는 어렸을 때부터 그림에 **재주**가 있었어요.

彼は幼い頃から絵の才能がありました。

□□□ 784

정신없다

/ 정시넙따 / 落ち着かない

形 **너무 바쁘거나 해서 여유가 조금도 없다.**

あまりにも忙しかったりして、余裕が少しもない。

漢 精神-

ⓘ 정신이 들다/정신 차리다는「気が付く、しっかりする」。

副 정신없이 慌てて、われを忘れて

例 할 일이 너무 많아서 **정신없었어요**.

やることが多すぎて落ち着きませんでした。

MP3 785-787

□□□ **785**

제대로

ちゃんと、適切に

副 올바른 기준대로, 알맞은 정도로.

正しい基準の通り、ちょうどよい程度で。

올바르다 正しい　알맞다 程よい

≒ 정상적으로 正常に　잘 きちんと

源 제(自分の)+대로(通り)

例 잠을 **제대로** 못 자서 컨디션이 좋지 않네요.

ちゃんと眠れなくて、調子がよくありませんね。

□□□ **786**

제때

適時

名 ① 적당한 때, 좋은 시기.

適当な (ちょうどよい) 時、よいタイミング。

源 제+때(時)

例 좋은 사람이 있어도 **제때**에 못 만나면 무슨 의미가 있어요?

いい人がいても、いい時に出会えないと意味がないでしょう。

定時

名 ② 정해 둔 시간.

決めておいた時間。

ⓘ 제때 도착하다で「間に合う」の意味。

例 일정이 너무 바빠서 **제때** 식사하기도 힘들어요.

スケジュールがとても忙しくて、決めた時間に食事するのも困難です。

□□□ **787**

주먹

拳、握り拳

名 손바닥 쪽으로 다섯 손가락을 모두 모은 손.

手のひらの方に5本の指を集めた手。

ⓘ 주먹을 쥐다 拳を握る

例 화가 나서 자신도 모르게 **주먹**을 쥐었어요.

怒って、知らない間に拳を握りしめました。

790語

□□□ 788

증세

症状

图 **병이 났을 때 몸이나 마음에 나타나는 상태.**

病気の時に体や心に現れる
状態。

≒ 증상 症状

漢 症勢

例 독감 **증세**인 것 같으니까 빨리 병원에 가 보세요.

インフルエンザの症状のよう
なので、早く病院に行ってくだ
さい。

□□□ 789

질서

/ 질써 / 秩序

图 **많은 사람들이 모인 곳에서 안전한 상태를
유지하기 위해 지키는 것.**

大勢の人が集まった所で、
安全な状態を維持するため
に守ること。

⇔ 무질서 無秩序

ⓘ 공공질서는 「公共秩序（＝公序）」。

例 **질서**를 지켜 안전하게 축제를 끝낼 수 있었어요.

秩序を守って安全に祭りを終
えることができました。

□□□ 790

채식주의자

/ 채식쭈이자 / 菜食主義者

图 **고기를 먹지 않고 주로 채소, 과일 등만을
먹는 사람.**

肉類を食べず、主に野菜・
果物などだけを食べる人。

⇔ 육식 肉食

ⓘ 야채/채소 野菜 비건 ヴィーガン

例 요즘 건강을 위해서 고기를 안 먹는 **채식주의자**가 늘고 있어요.

最近、健康のために肉を食べな
い菜食主義者が増えています。

□□□ **791**

챙기다

そろえる、支度する

動 ① 필요한 물건을 준비해 놓거나 제대로 다 있는지 확인하다.

必要な物をそろえておいたり、ちゃんと全部あるか確認する。

제대로 ちゃんと

≒ 갖추다 取りそろえる

例 준비물은 다 **챙겼는지** 다시 한 번 확인해요.

持ち物は全部そろえたか、もう一度確認します。

ケアする、面倒を見る

動 ② 불편하지 않게 보살피다.

不便がないように世話をする。

보살피다 世話する

≒ 돌보다 面倒を見る

例 동생들을 **챙기는** 건 역시 형밖에 없어요.

年下の兄弟の面倒を見るのは、やはり兄しかいません。

□□□ **792**

털다

はたく

動 붙어 있는 것 등이 떨어뜨리려고 흔들거나 치다.

付いているものなどを落とすために揺さぶったり叩いて払う。

떨어뜨리다 落とす 흔들다 揺さぶる

ⓘ ㄹ変 터는/털어요/터세요

例 어깨에 쌓인 눈을 **털고** 방으로 들어왔어요.

肩に積もった雪をはたいて部屋に入ってきました。

□□□ **793**

평균

平均

名 여러 개의 수나 양의 중간값.

いくつかの数や量の中間の値。

ⓘ「平均する」는 평균을 내다.

例 **평균** 수명이 길어지면서 노년층의 인구가 증가하고 있다.

平均寿命が延びて高齢者の人口が増加している。

□□□ 794

피서

避暑

名 **더운 곳을 떠나서 시원한 곳으로 가는 것.**

暑い所を離れて涼しい土地へ行くこと。

ⓘ 피서지 避暑地

例 올여름에 계곡으로 **피서**를 갈까 해요.

この夏に渓谷へ避暑に行こうかと思っています。

□□□ 795

피하다

避ける

動 ① **어렵거나 싫은 일로부터 멀어지려고 하다.**

難しいことや嫌なことから離れるようにする。

漢 避-

例 문제가 커지는 것을 **피하려고** 거짓말을 했어요.

問題が大きくなるのを避けようと嘘をつきました。

避ける

動 ② **닿거나 만나지 않게 몸을 움직이다.**

触れたり出会わないように体を動かす。

닿다 触れる

≒ 비키다 よける   숨다 隠れる

例 그 사람이 자꾸 나를 **피하는데**, 이유를 모르겠어요.

彼が私をずっと避けているけど、理由が分かりません。

□□□ 796

헤매다

迷う、さまよう

動 **어디로 가야할지 몰라서 이리저리 돌아다니다.**

どこに行くべきが分からず、あちらこちらに歩き回る。

≒ 방황하다 さまよう

例 처음 가는 곳이라 한참 길을 **헤맸어요**.

初めて行く所でしばらく道に迷いました。

295

□□□ **797**

흔들리다

揺れる

動 위아래, 왼쪽 오른쪽, 앞뒤로 반복해서 움직이다.

上下、左右、前後に繰り返して動く。

반복하다 繰り返す

動 흔들다 振る、揺さぶる

副 흔들흔들 ゆらゆら、ぶらぶら

例 지진으로 건물이 **흔들리고** 가구들이 넘어졌다.

地震で建物が揺れて、家具が倒れた。

□□□ **798**

흔하다

/ 흔하다, 흐나다 / よくある、ありふれている

形 보통보다 많아서, 쉽게 혹은 자주 보거나 들을 수 있다.

普通より多いので、簡単にあるいは頻繁に見たり聞くことができる。

⇔ 드물다 珍しい　귀하다【貴-】貴重だ

副 흔히 よく、頻繁に

例 이제 전기자동차는 어디서나 볼 수 있는 **흔한** 것이에요.

もう電気自動車はどこにでもある、ありふれたものです。

□□□ **799**

정상

正常

名 ① 보통 상태. 평소대로의 문제 없는 모양.

普通の状態。いつものように問題がないさま。

⇔ 비정상 非正常　이상 異常

名 冠形 정상적 正常(的)

例 배가 이상하게 아파서 병원에 갔는데, 검사 결과는 **정상**이었어요.

お腹が異常に痛くて病院に行ったけれど、検査結果は正常でした。

頂上

名 ② 맨 꼭대기. 가장 위.

てっぺん。一番上。

꼭대기 頂

例 산 **정상**까지는 아직 멀었어요.

山の頂上まではまだ遠いです。

□□□ 800

화해하다

和解する

動 싸움과 다툼을 그만두고 나쁜 감정을 풀다.

争い、けんかをやめて悪い
感情を解く。

다툼 けんか、もめ事

名 화해 和解、仲直り

例 결국 조금씩 양보하고 **화해하기**로 했어요.

結局、少しずつ譲って仲直りす
ることにしました。

● 尊敬語

	パッチム(無)-시		
行く	가다	☐ 가시다	☐ 가세요
見る	보다	☐ 보시다	☐ 보세요
好きだ	좋아하다	☐ 좋아하시다	☐ 좋아하세요
忙しい	바쁘다	☐ 바쁘시다	☐ 바쁘세요
買う	사다	☐ 사시다	☐ 사세요
待つ	기다리다	☐ 기다리시다	☐ 기다리세요
休む	쉬다	☐ 쉬시다	☐ 쉬세요
作る	만들다*¹	☐ 만드시다	☐ 만드세요

	パッチム(有)-으시		
読む	읽다	☐ 읽으시다	☐ 읽으세요
座る	앉다	☐ 앉으시다	☐ 앉으세요
大丈夫だ	괜찮다	☐ 괜찮으시다	☐ 괜찮으세요
小さい	작다	☐ 작으시다	☐ 작으세요
歩く	걷다*²	☐ 걸으시다	☐ 걸으세요
治る	낫다*³	☐ 나으시다	☐ 나으세요
近い	가깝다*⁴	☐ 가까우시다	☐ 가까우세요
そうだ	그렇다*⁵	☐ 그러시다	☐ 그러세요

＊1 ㄹ変則
＊2 ㄷ変則
＊3 ㅅ変則
＊4 ㅂ変則
＊5 ㅎ変則

●特別な尊敬表現

	基本形	尊敬語
寝る	자다	□ 주무시다
具合が悪い	아프다	□ 편찮으시다
(人が)いる	있다	□ 계시다
(物が)ある	있다	□ 있으시다
食べる、飲む	먹다, 마시다	□ 드시다, 잡수시다
言う	말하다	□ 말씀하시다
死ぬ	죽다	□ 돌아가시다
家	집	□ 댁
言葉	말	□ 말씀
名前	이름	□ 성함
年(齢)	나이	□ 연세
誕生日	생일	□ 생신

● 助詞の尊敬表現

助詞	基本形	尊敬語
は	는 / 은	께서는
が	가 / 이	께서
に	에게 / 한테	께
から	에게서	께

例 사장님께서는 어디에 계세요?　社長はどちらにいらっしゃいますか。
　회장님께서 말씀하셨습니다.　　会長がおっしゃいました。
　선생님께 선물을 드렸어요.　　先生にプレゼントを差し上げました。
　교수님께 칭찬받았어요.　　　教授から褒められました。

この索引では本書で取り上げた見出し語800語句が
カナダラ順に掲載されています。

ㄴ

ㅇ

ㅈ

ㅎ

［編者紹介］
ソク・ジア／チェ・スジン／ホ・ユンギョン
コリ文語学堂教材開発チーム

コリ文語学堂の講師陣の中から有志が集まって、
教授法学習法について意見を出し合いながら
教材開発に取り組んでいる。

韓国語を韓国語で理解する
韓韓韓単語

2023年4月5日　初版発行

編　者	ソク・ジア／チェ・スジン／ホ・ユンギョン
	コリ文語学堂教材開発チーム
	©Jia Suk, Sujin Choi, Yunkyung Huh, 2023
企　画	ロゴポート
発行者	伊藤秀樹
発行所	株式会社 ジャパンタイムズ出版
	〒102-0082 東京都千代田区一番町2-2
	一番町第二TGビル 2F
	ウェブサイト　https://jtpublishing.co.jp/
印刷所	日経印刷株式会社

本書の内容に関するお問い合わせは、上記ウェブサイトまたは郵便でお受けいたします。
定価はカバーに表示してあります。
万一、乱丁落丁のある場合は、送料当社負担でお取り替えいたします。
㈱ジャパンタイムズ出版・出版営業部あてにお送りください。
Printed in Japan　ISBN 978-4-7890-1825-8

本書のご感想をお寄せください。
https://jtpublishing.co.jp/contact/comment/